Hermann Keuntje

Der syntaktische Gebrauch des Verbums bei Amyot,

dargestellt auf Grund seiner Übersetzung der Vitae des Plutarch

Hermann Keuntje

Der syntaktische Gebrauch des Verbums bei Amyot,
dargestellt auf Grund seiner Übersetzung der Vitae des Plutarch

ISBN/EAN: 9783744672269

Hergestellt in Europa, USA, Kanada, Australien, Japan

Cover: Foto ©Thomas Meinert / pixelio.de

Weitere Bücher finden Sie auf **www.hansebooks.com**

Der syntaktische Gebrauch des Verbums bei Amyot,

dargestellt auf Grund seiner Übersetzung der Vitae des Plutarch.

Ein Beitrag zur französischen Syntax.

Inaugural-Dissertation

zur

Erlangung der philosophischen Doctorwürde

an der

Universität Leipzig.

Vorgelegt von

Hermann Keuntje

aus Bremen.

Bremen.
Druck von Carl Schünemann.
1894.

Inhalt.

	Seite
Vorwort	1
A. Die Arten des Verbums	3
1. Unpersönliche Verba	3
2. Persönliche Verba	4
B. Numerus und Person des Verbums	12
I. Numerus	12
II. Person	15
C. Umschreibungen	15
D. Gebrauch der Hülfsverben	20
E. Gebrauch der Tempora	21
F. Modi	23
I. Indicativ	23
II. Conjunctiv	25
III. Imperativ	28
G. Infinitiv	29
I. Der substantivierte Infinitiv	29
II. Der Accusativ mit dem Infinitiv	31
III. Der reine Infinitiv	32
IV. Der präpositionale Infinitiv	38
A. Der Infinitiv mit der Präposition de	38
B. Der Infinitiv mit der Präposition à	44
C. Der Infinitiv nach anderen Präpositionen als de und à	47
Ha. Das Participium des Präsens	53
Hb. Das Participium des Perfekts	58
I. Eigentümlichkeiten der Construction	64
K. Schluss	65

Vorwort.

Amyot ist einer derjenigen Autoren des 16. Jahrhunderts, welchen hinsichtlich ihrer Sprache bisher verhältnismässig wenig Beachtung geschenkt worden ist. Das über seinen Sprachgebrauch Bekannte dürfte wohl im Wesentlichen auf vereinzelte Citate aus seinen Werken, die sich in einigen Grammatiken und Lexicis finden, sowie auf das Urteil der Litteraturgeschichten zurückgehen. Auch das Werk A. de Blignières' »Essai sur Amyot et les traducteurs français au XVIe siècle. Paris 1851« bietet in Bezug auf die Sprache des grossen Uebersetzers nur einzelne verstreute Bemerkungen. Von Spezialuntersuchungen des Sprachgebrauchs Amyots ist dem Verfasser der vorliegenden Arbeit nur bekannt die Dissertation von Jung: »Syntax des Pronomens bei Amyot. Jena 1887«. Der Zweck der folgenden Untersuchung ist nun, einen weiteren Beitrag zur Kenntnis des Sprachgebrauches Amyots zu liefern, und zwar soll die Syntax des Verbs dargestellt werden auf Grund seines Hauptwerks »Les vies des hommes illustres grecs et romains«, der Uebersetzung der Vitæ des Plutarch.

Der folgenden Untersuchung sind zu Grunde gelegt die dem Verfasser durch die Güte der kgl. Bibliothek zu Berlin zugänglich gemachte Ausgabe der »Vies« vom Jahre 1594 und die ihm seitens der kgl. Universitätsbibliothek zu Göttingen gütigst zur Verfügung gestellte Ausgabe desselben Werks vom Jahre 1587. Die Citate beziehen sich auf die erstgenannte Ausgabe und stimmen, abgesehen von unwesentlichen orthographischen Verschiedenheiten, mit den entsprechenden Stellen der Ausgabe von 1587 überein. Wichtigere Abweichungen sind bei den betreffenden Stellen angemerkt.

Verzeichnis der benutzten Litteratur.

Acad: Dictionnaire de l'Académie française. 1878.
Littré: Dictionnaire de la langue française. 1873.
Chassang: Nouvelle grammaire française. Paris 1884.
Diez: Grammatik der romanischen Sprachen. 3. Auflage.
Lücking: Französische Grammatik. Berlin 1883.
Mätzner: Französische Grammatik. Berlin 1856.
Plattner: Französische Schulgrammatik. Karlsruhe 1883.
Plœtz: Syntax und Formenlehre der neufranzösischen Sprache. Berlin 1882.
Poitevin: Cours théorique et pratique de langue française. Paris 1891.
Darmesteter et Hatzfeld: Le seizième siècle en France. Paris 1887.
Körting: Der Formenbau des französischen Verbums. Paderborn 1893.
Tobler: Vermischte Beiträge zur französischen Grammatik. Leipzig 1886.
Vaugelas: Remarques sur la langue françoise. Nouvelle édition par A. Chassang. 1880.
Berg: Die Syntax des Verbums bei Molière. Kiel 1886.
Ebering: Syntaktische Studien zu Froissart. In Gröbers Zeitschrift für romanische Philologie. Bd. V. 1881.
Glauning: Versuch über die syntaktischen Archaismen bei Montaigne. In Herrigs Archiv. Bd. 49.
Gräfenberg: Beiträge zur französischen Syntax des XVI. Jahrhunderts. Erlangen 1885.
Grosse: Syntactische Studien zu Jean Calvin. Giessen 1888.
Haase: Syntaktische Untersuchungen zu Villehardouin und Joinville Oppeln 1884.
Procop: Syntactische Studien zu Robert Garnier. Eichstätt 1885.
Ringenson: Studier öfver verbets syntax hos Blaise de Monluc. Upsala 1888.
Sænger: Syntaktische Untersuchungen zu Rabelais. Halle 1888.
Soltmann: Der Infinitiv mit der Präposition à im Altfranzösischen. Altenburg 1881.
Stimming: Die Syntax des Commines. In Gröbers Zeitschrift für roman. Philologie. 1. Bd. 1877.
Vogels: Der syntaktische Gebrauch der Tempora und Modi bei Pierre de Larivey. In Roman. Studien. Bd. V.
Wenzel: Aesthetische und sprachliche Studien über Antoine de Montchrétien. Weimar 1885.

A. Die Arten des Verbums.

1. Von den im Altfranzösischen zahlreich vorhandenen un persönlichen Verben sind im Laufe der Zeit viele verloren gegangen resp. zu persönlich gebrauchten geworden. Bei Amyot finden sich folgende Verben unpersönlich gebraucht, welche jetzt entweder nicht mehr oder nur selten so verwandt werden.

chaloir. il ne chaloit point aux dieux, si aucun s'estant afolé un pied venoit à estre Roy. 392 r. Ne te chaille, dit-il, de ce plaisir que tu as failli à voir. 223 v. il ne lui chaloit d'estre vituperé. 125 r.

ennuyer. il lui ennuyoit de voir les choses en paix et en repos. 546 v.

souvenir, in der alten Sprache nur unpersönlich gebraucht, zeigt sich zuerst im 16. Jahrhundert in persönlicher Construction.[1]) Letztere wird jetzt der unpersönlichen vorgezogen. In den »Vies« sind beide Constructionen vertreten:

a) unpersönlich.

Je l'ai bien ouy nommer, dit l'estranger, mais il ne m'en souuient pas. 51 r. Et me souuient d'auoir leu es commentaires d'Aristoxenus, que sa charnure sentoit bon. 435 v.

b) persönlich.

eux qui auoyent combatu tant de fois, ne se souuenoyent pas que... 448 v. cuides-tu qu'il soit conuenable à un grand personnage, se souuenir des torts qu'on lui a faits? 148 r. pourueu qu'il s'en vueille souuenir. (In der Widmung an Heinrich II.)

---
[1]) Gräfenberg 72. Littré s. v.

faire in unpersönlicher Construction besteht in der Verbindung mit einem Adjektiv im Neufranzösischen noch in einzelnen Wendungen fort, wie in »il fait beau; il fait bon« = »es ist schön u. s. w.« Aus Amyot ist für diesen Gebrauch angemerkt:

Mais à cela peut-on voir, combien il fait dangereux encourir la malvueillance d'une ville qui sçait bien parler. 4 v.

Mehrmals zeigt sich il fait in der altfranzösischen[1]) und provenzalischen[2]) Weise mit à und dem Infinitiv in der Bedeutung »man muss«.

Et si fait à considerer contre quels Capitaines ils ont tous deux eu afaire. 311 v. Il fait bien à noter, que iamais Lycurgus ne voulut qu'il y eust pas une de ses loix mise par escrit. 29 v. En quoi fait à noter que la braue vanterie, dont usa Lucullus..., ne lui tourna point, par courroux des dieux, au rebours de sa pensee. 328 r.

2. Von den **persönlichen** Verben haben viele in der Entwickelung der Sprache ihre Construction geändert.

a) Amyot verwendet transitiv folgende Verben, die jetzt nicht mehr transitiv oder es nur noch mit anderer Construction sind.

aviser »gewahr werden«, von Vaugelas als »bas« erklärt, worin ihm die Academie in ihren Observations beistimmte, ist noch jetzt in dieser Bedeutung gebräuchlich, jedoch nur in familiärer Redeweise.

Cestui auisant un iour dedans l'estuue un ieune page... 447 r. Alexandre auisa d'auanture une grande image de Xerxes. 447 v.

conseiller qn de faire qc. après y auoir un peu mieux pensé, il fut conseillé de n'y aller point en personne pour la crainte... des Grecs. 626 v.

consentir wird jetzt wohl nur noch in der Gerichts- und Diplomatensprache transitiv gebraucht. (Acad. s. v.)

la commune ne le voulut point consentir. 495 v.

discourir = »erwägen« ist jetzt nicht mehr vorhanden; in der Bedeutung »reden« ist es nicht mehr transitiv.

---

[1]) Diez III 239.
[2]) Stimming, Bertran de Born 289.

Cela fait, discourant plusieurs grandes entreprises, qu'il mettoit en son entendement, et plus encore en son esperance, il... 251 v. ie ne trouue pas sans aparence ce que d'autres discourent touchant Lycurgus. 39 v.

éloigner. il le suiuoit à la trace, et rouoit à l'entour de lui, sans iamais esloigner les montagnes. 112 r. les Achæiens et Aratus auoyent opinion qu'il n'oseroit... esloigner la ville. 529 v.

escarmoucher. Quintus... et Scrofa... le suiuirent en l'escarmouchant tousiours par le chemin sur la queuë 360 r.

faillir. il auint une nuict qu'ils se faillirent l'un l'autre, et le iour venu retournerent tous deux en arriere. 441 r.

gaudir.[1]) ils commençoyent à s'eschaufer, et à gaudir Antonius de l'amour de Cleopatra. 606 r.

guerroyer. Depuis estant ia la guerre Peloponesiaque en branle, comme ceux de Corfou fussent guerroyez par les Corinthiens, il... 106 v.

moquer.[2]) il estoit loisible de lui rendre son change en le moquant aussi. 603 v.

persuader qc. »einer Sache beistimmen, sie unterstützen.« Ciceron persuada la proposition qu'on auoit ia mise en auant. 421 v.

songer. Democlides... songea une plus extrauagante et plus estrange façon d'honeur. 582 v.

survivre qn. l'enfant apres auoir peu de iours suruescu sa mere mourut aussi. 467 v. Cleomenes... en eut deux, Acrotatus l'aisné qui mourut son pere viuant encore, et Cleonymus le puisné qui le suruescut. 522 r.

b) Als Intransitiva werden in den »Vies« die folgenden Verben gebraucht, welche jetzt entweder nicht mehr intransitiv oder wenigstens in derselben Bedeutung nicht mehr intransitiv sind.

briguer. et y auoit plusieurs à Rome qui parloyent et briguoyent pour lui. 360 r. au moyen dequoi il brigua luimesme afectueusement en sa faueur. 412 v.

[1] cf. Gräfenberg 6o.
[2] cf. Gräfenberg 7o. Sænger 1o.

contredire ist bei Amyot fast immer Intransitivum.
il n'y eut personne d'eux qui lui osast contredire. 564 v.
il faisoit profession de contredire à tout le monde. 98 r.
Cæsar leur contredisoit à tous deux. 575 r. le premier
qui contredit à ceste sentence fut Catulus Luctatius. 567 r.

encourir. Aussi encourut-il en plusieurs griefs dangers. 454 r.

faillir »verschwinden, untergehen, aufhören zu existieren«.
car lors on transporta ses os ailleurs, et faillit son nom. 18 r.
il auint que le Soleil eclipsa soudainement, et le iour faillit.
108 v. sa race faillit en lui. 37 v.

Für diesen Gebrauch von faillir giebt die Academie
zwei Beispiele: »Le jour commençait à faillir. La branche
des Valois a failli dans la personne de Henri III« und bemerkt dazu: »Dans ces deux dernières phrases et autres
semblables, il a vieilli«.

favoriser wird überwiegend intransitiv verwendet.
les dez lui fauoriserent. 628 r. Thessalus, auquel Alexandre
fauorisoit fort. 444 v. La fortune lui fauorisa en ce combat.
43 r. ceux du costé de Romulus fauorisoyent à Proclus,
et ceux de la part de Tatius fauorisoyent à Velesus. 39 v.

gaudir. ceste liberté de gaudir et de plaisanter avec lui
franchement à la table. 603 v. sa priuauté à iouër et gaudir
en compagnie. 609 v.

jouer[1]) in der Redensart »jouer d'un tour«.
Si pensa que ce fust un tour de moquerie dont on lui
voulust ioüer. 418 r.

Auch als »jouer d'une ruse«: Hermocrates s'auisa de luimesme de ioüer d'une telle ruse à Nicias. 353 v.

Daneben auch transitiv:
Au regard de Neoptolemus, il n'auoit pas moins de volonté
de faire quelque trahison, et de ioüer un mauuais tour à
Eumenes. 383 v.

prier. Cinna... promit.. qu'il garderoit loyaument foy
et amitié à Sylla, priant aux dieux que là où il ne le feroit,

[1] cf. Gräfenberg 70. Berg 12.

il fust dechassé hors de Rome. 300 r. on demoura long temps en cest estat, iusques à ce que Phocion mesme apellant l'un de ses amis, lui priast de bailler à ce bourreau ce peu d'argent qu'il demandoit. 496 r.

réparer. Pompeius comme voulant reparer à l'enuie qu'on en eust peu conceuoir contre Cæsar,... dit qu'il... 424 r.

requérir ist bei Amyot häufiger intransitiv als transitiv. si estoyent là venus pour lui requerir qu'il reconfirmast leur estat de gens de guerre. 685 v. ils requirent aux Romains qu'il leur fust permis de reprendre leur anciene discipline. 237 r.

Transitiv: Archimedes... le requit qu'il voulust atendre un petit. 198 r.

servir[1]) ist in den »Vies« in der Mehrzahl der Fälle intransitiv. employant son loisir, non à prendre ses plaisirs ou à amasser des biens, ains à seruir aux dieux. 39 r. il iura que iamais il ne seruiroit aux Barbares. 226 v. ceux qui estoyent demourez dedans la ville, furent contrains de seruir à ce tyran. 165 v.

vider. ils firent ... commandement aux Volsques qu'ils eussent à vuider de la ville de Rome. 144 v. le Senat persuada au Consul Fannius de faire faire commandement, que tous ceux qui n'estoyent point naturels Romains,... eussent à vuider de Rome. 547 r. [Vergl. bei Molinet:

A l'assault noble souldars,
Vuidez de voz pavillons[2]).
Bourgeois ....
Qui n'osent de leurs mansions
Vuider, qu'ilz ne soyent happez. [3])] —

vider als Transitivum scheint in den »Vies« nicht vorzukommen.

c.) Als Reflexiva verwendet Amyot mehrere Verben, welche jetzt nicht mehr reflexiv oder nur in anderer Bedeutung reflexiv vorkommen.

---

[1]) cf. Gräfenberg 71.
[2]) Le Siege d' Amours.
[3]) Le Testament de la Guerre.

α) **Verba der Bewegung.**

s' apparaître: la mere des dieux s'aparust à lui. 80 r. la deesse qui s'estoit aparue à lui. 80 r. la vision qui s'aparut à Brutus. 480 v. ce mesme fantasme s'aparut une autre fois à lui. 481 r.

se bouger. Neben dem intransitiven Verb findet sich auch recht oft das reflexive. So: Titus... s'amusoit à faire prieres aux dieux sans se bouger. 248 v. Marius... ne se bougeoit point. 273 r. les Thebains... ne se bougerent iusques à ce qu'ils virent Lysander. 294 r.

s' héberger: il fut contraint... de se heberger en la maisonnette d'un pauure païsan. 466 r. sans maison où ils se peussent herberger. 540 v.

se partir: Theseus... se partit pour aller combatre le taureau de Marathon. 4 r. Cæsar se partit en diligence. 468 v. il se partit pour aller au deuant de lui. 572 v.

Ausserdem werden von Verben der Bewegung reflexiv gebraucht:

[s' en] courir, [s' en] recourir, [s' en] sortir, und folgende, welche noch jetzt als Reflexiva auftreten: **s' en aller, s'enfuir, s'en retourner, s' en venir.**

β) **Verba, welche geistige Vorgänge ausdrücken.**

se condescendre: les Atheniens n'eussent point eu la guerre... s' ils se fussent voulu condescendre à reuoquer le decret. 106 v. et outre ce prit enuiron trois mille vieux soudards de ceux qui volontairement se condescendirent à le suiure en ce voyage. 240 v.

se consentir: lequel entendant que Caton s'y consentoit, ne vouloit point... 504 v.

se délibérer: Vibius s' estoit deliberé de faire tout le meilleur traitement qui lui seroit possible à Crassus. 357 v. Mais lui tout au contraire, se delibera de maintenir et asseurer ses afaires par hardiesse et magnanimité. 437 v.

se douloir ist jetzt selten. [»Il est vieux et ne s'emploie guère qu'à l'infinitif.« Acad. — »Usité seulement à l'infinitif

et encore rarement; il est dommage que ce verbe si commode et si expressif soit tombé en désuétude.« Littré.|
Ne vous semble-il pas que ce soit assez pour se douloir, que le Roy Alexandre... 464 r. |Ils... doutent si la partie... qui se deult, qui s'esiouyt en nous, peut bien obeyr à la raison. (Les œuvres morales, De la vertu morale) citiert von Littré s. v.]

s'endormir im Sinne von **dormir.**
Apres souper s'estant derechef laué il s'endormoit bien souuent iusques à midi et quelquesfois tout le long du iour ensuiuant. 442 v. il se ietta dessus un lict en sa tente, là où il s'endormit tout le reste de la nuict plus serré qu' il n' auoit acoustumé. 445 v.

s' essayer. | Essayer, avec le pronom personnel, signifie, S'éprouver, voir si l'on est capable d'une chose.« Acad. — »s'éprouver, voir si l'on est capable d'une chose.« Littré.| Amyot verwendet bisweilen das reflexive Verb, wo man jetzt das nicht reflexive setzen würde. So: Antonius s' essaya de la rendre un petit plus gaye. 600 r.

s'oublier: dont il fut si ioyeux, qu'il s'oublia d'auoir sous sa robe en son sein une caille. 124 r.

se revenir = sich erholen, wieder zu sich kommen.
Romulus commençoit desia à se reuenir du coup qu'il auoit receu. 18 r. il fut longuement sans respondre, iusques à ce que s'estant à la fin reuenu, il dit, qu'il se nommoit Dionysius. 458 v.

se rire im Sinne von **rire.** Harpalus en se riant lui respondit... 558 r.

se sourire: Caton aussi se souriant un petit se prit à dire... 576 r.

se valoir (Vergl. ital. valersi). Cyrus fut mis en pieces auant qu'il se peust aucunement valoir de la victoire de Clearchus. 625 v.

d) Von Verben, welche Amyot intransitiv gebraucht, die aber in derselben Bedeutung jetzt reflexiv sind, seien angeführt:

éclipser. Es zeigt sich in den »Vies« nur als Intransitivum.

le Soleil soudainement eclipsa. 189 r. la Lune... disparut et eclipsa entierement. 157 r. il auint que le Soleil eclipsa soudainement. 108 v. la Lune va eclipser et perdre subitement sa lumiere la nuict. 352 v.

ensuivre. les choses qui ensuiuirent depuis, declarerent que ceste suspicion estoit entierement veritable. 399 r. tant de maux et de calamitez qui en estoyent ensuyuies. 133 v.

imaginer. et Caton s'estant dressé en pieds, chacun imagina soudain que ce fust pour y contredire. 423 v. lęs autres... imaginerent inçontinent que ce fut un commandement fait à tous generalement. 116 r.

passer = arriver, avoir lieu. Pendant que ces choses passoyent à Rome, Cæsar estoit en la Gaule. 511 v. Pendant que ces choses passoyent, Hyrodes auoit desia fait apointement...avec Artabazes. 369 r. Ainsi que ces choses passoyent, Agrippa...mandoit à Cæsar qu'il retournast à Rome. 618 v. Lucius Lentulus ne sachant rien de ce qui estoit passé,... alloit cinglant au long du riuage. 431 v.

proposer. Ayant proposé d'escrire en ce liure les vies du Roy Alexandre le grand,... ie n'userai d'autre prologue que de... 434 v. En telle deliberation se mit Theseus en chemin, proposant de n'outrager personne. 3 r. Catilina ayant proposé non seulement de renuerser l'estat de la chose publique, mais aussi de... 462 v. comme il proposoit de ce faire, il arriua en son ost un gentilhomme. 610 v.

e) Unterdrückung des Reflexivpronomens zeigt sich, wie in der älteren Sprache[1]), auch in den Vies häufig. Sie findet nicht nur statt vor einem von faire abhängigen Infinitiv, welcher auch noch jetzt regelmässig das se entbehrt[2]), sondern auch sonst.

elle se leua, et fit aussi leuer les autres dames. 147 r. ceux de la maison... ne l'oserent faire leuer. 143 v. Timoleon... fit à la fin retirer les ennemis. 166 r. Quand il estoit de loisir, le matin, apres estre leué, la premiere chose qu'il faisoit, il... 442 r. ceux qui s'estoyent de bonne heure desbandez,... s'en fuirent tous cacher en la Cilicie. 414 r.

---

[1]) Ebering, p. 336. Haase p. 78.
[2]) Lücking § 379 Anm. 2.

Il ne fut pas plustost leué le matin qu'il s'en alla voir ceste isle. 443 v. ils firent.... commandement aux Volsques qu'ils eussent à vuider de la ville de Rome auant que le Soleil fust couché. 144 v. Quand donc les Sabins furent saisis de la forteresse, Romulus....18 r. (Vergl. quant je serai saisiz de ma terre. Haase p. 78 und il seroit saisi de ce qu'il demandoit. Stimming p. 493).

f.) Reciprokem l'un l'autre das Reflexivpronomen vor dem Verbum beizugeben ist ein Amyot wohlbekannter Brauch. Demgemäss ist die Bemerkung Chassangs (§ 245 bis. Hist.), dass sich dieser Pleonasmus im 16. Jahrh. nicht findet, zu berichtigen. Allerdings verwendet Amyot l'un l'autre auch ohne das Reflexivpronomen, wie die beiden von Chassang beigebrachten Stellen beweisen, jedoch stehen diesen Beispielen nicht wenige andere gegenüber, in denen ausser l'un l'autre auch se verwendet ist.

ils se pousserent les uns les autres. 271 r. ...où les soudards fussent si bien serrez que leurs targes se touchassent l'une à l'autre. 234 r. il auint une nuict qu'ils se faillirent l'un l'autre. 441 r. Quand ils furent si pres l'un de l'autre qu'ils se peurent entreuoir, ils se desfierent l'un l'autre à combatre d'homme à homme. 17 r. en ce faisant se couurirent de feu les uns les autres de plus en plus. 113 r. et le semblable firent aussi les soudards qui s'entr' acollerent estroitement, et se baiserent les uns les autres. 115 r. se pressans les uns les autres. 365 v. La maladie receut le poison, de sorte qu'ils se chasserent l'un l'autre hors du corps. 369 v. se regardans les uns les autres. 88 r.

Andererseits ist mehrmals einem mit entre zusammengesetzten von se begleiteten Verbum l'un l'autre hinzufügt. So in folgenden Sätzen:

les plus nobles personnages... s'entr'enhortoyent l'un l'autre. 161 v. ils commencerent à crier..., en s'entr'acusans les uns les autres. 495 r. s'entredonnerent les uns aux autres... les utensiles necessaires. 453 v.

Hier genügt der modernen Sprache, um reciproken Sinn auszudrücken, die Zusammensetzung des Verbs mit entre in Verbindung mit se.

B. Numerus und Person des Verbums.

I. Numerus.

1) Das Prädikat steht im Singular, obwohl das Subjekt aus mehreren durch et verbundenen Substantiven besteht.

il (= le peuple) estime que la vaillance et la prudence viene plust tost de la force de nature, que de bonne volonté. 510 r. il estimoit que ses afaires et la grandeur de son estat et seigneurie estoit bien sufisante pour plusieurs successeurs. 588 r.

Übrigens findet sich singularisches Prädikat nach einem aus zwei Gliedern bestehenden Subjekte noch öfter in den »Vies«. Jedoch bilden meist die beiden Glieder in ihrer Summe nur e i n e n Begriff, dem in der griechischen Vorlage auch nur e i n Substantiv entspricht. Demgemäss werden die beiden Teile des Subjekts zusammengenommen als Einheit empfunden, woraus sich der Singular des Prädikats erklärt.

son credit et son autorité venoit à croistre, et celui de Sylla à se diminuer. 410 r. (ὡς αὐτῷ μὲν αὐξανομένης, μειουμένης δὲ καὶ μαραινομένης ἐκείνῳ τῆς δυνάμεως.) et quant aux bornes de ses conquestes, qu' il les limiteroit là où le droit et la iustice le requerroit. 417 r. (ὅρῳ δὲ χρήσεσθαι τῷ δικαίῳ). il vint à lui un homme de guerre..., lequel...auoit fait ia preuue de sa loyauté vers les Romains en la iournee où le charroi et l' artillerie fut perdue. 609 r. (ἀνὴρ τῷ γένει Μάρδος,... ἤδη δὲ 'Ρωμαίοις πιστὸς ἐν τῇ μάχῃ τῇ περὶ τὰς μηχανὰς γεγονώς, 'Αντωνίῳ προσελθών, ἐκέλευε...)

Anm. Das Particip des mit être construierten Verbs stimmt in der Regel mit dem ihm zunächst stehenden Teile des Subjekts überein, vergl. oben il vint à lui etc. (und »il estimoit que ses afaires etc. , wo das Prädikat aus être mit einem Adjektiv besteht), bisweilen aber auch mit dem entfernteren, wie in l'ordre et l'honnesteté de recueillir courtoisement un chacun... estoit par sa prouoyance... si curieusement obscrué, que... 161 r. [1]).

2) Nach **l'un et l'autre** setzt Amyot, in Übereinstimmung mit seinen Zeitgenossen[2]), das Verb gern in den Singular, während man heute wohl meist den Plural verwendet.[3]) l'un et l'autre deuint amoureux d'un ieune garson nommé Stesileus. 205 r. L'un et l'autre fut occis par un sanglier. 372 r. L'un et l'autre rauit des femmes. 1 v. l'un et l'autre fut par cinq fois eleu Consul. 117 r.

Plural: il semble que l'un et l'autre ayent egalement voulu acheminer et conduire leurs peuples à temperance. 47 v.

3) Ebenso setzt Amyot den Singular des Verbs nach **ni l'un ni l'autre,** wenn dieses die Verneinung von l'un et l'autre ist. Im Neufranzösischen wird der Plural bevorzugt.[4]) ni l'un ni l'autre ne meritoit d'estre blasmé ni repris. 148 r. ni l'un ni l'autre ne peut euiter le malheur d'auoir querelle auec les siens. 1 v. ne l'une ne l'autre n'est chose petite 63 r.

4) Nach einem **Collectivbegriffe** setzte das Altfranzösische gern den Plural des Verbs. Für das 16. Jahrhundert merkt Darmesteter (§ 215) an: ›Mais le XVIe s. suit déjà la règle moderne‹, was auch im Allgemeinen für Amyot gilt. Hin und wieder zeigt sich jedoch auch der Plural des Verbs nach dem Collectivum; so in folgenden Sätzen: tout le monde, autant les hommes priuez, que les princes et seigneurs, s'estudioyent... d'enrichir et embellir ceste cité. 333 v. [Vergl. bei Rabelais: tout le monde, me voyans ainsi à demy rousty, eurent pitié de moy (Saenger 20) und bei Monluc: Tout le monde abondonnoient les plaies (Ringenson 8)]. se promettant qu'il feroit voir que tout ce qu'auoit fait Lucullus à lencontre de Tigranes, et Pompeius à l'encontre de Mithridates, n'estoyent que ieux d'enfans par maniere de dire, il... 361 v.

---

[1] Darmesteter § 216.
[2] Grosse p. 14. Procop p. 86. Ringenson 7.
[3] Ploetz p. 91. Plattner p. 189. Poitevin p. 282.
[4] Ploetz 91. Poitevin 282.

Bemerkenswert ist, dass unser Verfasser (wie auch Rabelais, cf. Saenger p. 20) bisweilen das dem Collectivum zunächst stehende Verb in den Singular, das entferntere indessen in den Plural setzt.

Mais le commun peuple s'en esiouït fort, et auec grande demonstration de ioye acoururent sur la place. 113 v. le commun peuple... en auoit desia cognoissance, et entendoyent aucunement que cela (= l'eclipse du Soleil) se fait par le corps de la Lune. 352 v. Parquoi tout le monde mit en auant ce mariage, esperans que ceste Dame Octauia... seroit cause d'une bonne paix... entr'eux. 605 v.

5) **la plupart** hat in den »Vies« sowohl mit folgendem Genitiv im Plural als ohne diesen meistens das Verb im Singular nach sich. la pluspart des complices de la conspiration se sauua et se retira à Corinthe. 673 r. la plus part des Capitaines y fut tuee sur le champ. 412 r. la plus part des ennemis auoit esté desfaite en la bataille. 308 r. La plus part donc des auteurs est de ceste opinion que... 55 v. — la plus part mourut de maladie et de mauuais traitement. 355 r. la plus part s'en courut vers la ville de Platæes. 211 v. la plus part se desroba du camp et s'escarta çà et là. 64 r. la pluspart transporta ses peres et meres vieux... en la ville Trœzene. 73 v.

Auch nach la plupart zeigt sich bei dem zweiten der von ihm abhängigen Verben der Übergang der grammatischen Construction in diejenige »ad sensum«:

ils se trouuerent si saouls et si yures que la pluspart n'eut pas seulement le sens de fuir, ains atendirent qu'on les allast tuer. 92 v. la plus part estoit à table à disner apres s'estre lauez. 270 v.

6) In Relativsätzen, die sich an ein »un« mit partitivem Genitiv im Plural anschliessen, wird das Verbum bisweilen auf »un« statt auf den partitiven Genetiv bezogen, obwohl der Sinn Congruenz mit letzterem erfordert. Die Beziehung auf »un« findet in der alten Sprache oft statt und ist z. B. bei Joinville

Regel¹). Wie seine Zeitgenossen²), so macht auch Amyot von ihr hin und wieder Gebrauch. Auch im jetzigen Französisch zeigen sich noch vereinzelt Beispiele für diese Attraction³).

Pyrrhus l'un des plus grands et plus vaillans Capitaines qui fut onques, ... ne la peut tenir. 531 r. à raison dequoi y eut un notable personnage nommé Seruilius, l'un de ceux qui plus asprement s'estoit oposé à l'otroi de ce triomphe, qui dit publiquement, que... 410 r.

Letzteres Beispiel zeigt einen Fall, wo jetzt Attraction nicht mehr stattfinden darf⁴).

II. Person.

In Bezug auf die Übereinstimmung des Prädikats mit dem Subjekte hinsichtlich der Person bieten die »Vies« nichts vom jetzigen Sprachgebrauch Abweichendes. Namentlich ist auch die lateinische Regel über die Person im Relativsatze, der ein persönliches Pronomen der ersten und zweiten Person bestimmt, von Amyot [wie in der früheren Zeit von Villehardouin und Joinville⁵) immer, im 16. Jahrh. von Garnier mit einer einzigen Ausnahme⁶)] streng beobachtet.

C. Umschreibungen.

1) être mit dem Particip. Praes. war im Afz. eine sehr beliebte Umschreibung und findet sich in der späteren Zeit bis ins 17. Jahrh. hinein. Auch Amyot macht, wie überhaupt das 16. Jahrh.⁷), gern Gebrauch von dieser Wendung.

Et si n'estoit point auaricieux ni trop aimant la richesse. 50 r. ces femmes-là qui estoyent resseantes en la ville.

---

¹) Haase p. 79.
²) Saenger p. 20. Ringenson p. 10.
³) Tobler p. 195 ff. Lücking § 281. Mätzner § 244 2.
⁴) Lücking § 281.
⁵) Haase p. 79.
⁶) Procop p. 87.
⁷) Diez III, 199. Vogels 543. Saenger 18. Procop 52. Ringenson 24.

216 r. estans ia tous les autres gisans par terre, Panteas les alla tous reuisiter les uns apres les autres. 536 v. tous deux ont esté... faisans de grands dons. 579 r. il... donna droit de bourgeoisie aux estrangers qui estoyent demeurans dedans. 676 r. Marius... fut long temps errant ça et là par la campagne. 273 v. Il fut aussi quelque temps conferant et estudiant auec Psenophis Heliopolitain. 58 r.

2) **aller mit dem Gerundium,** im Afz. ebenfalls zur Umschreibung des Verbs benutzt, ist im 16. Jahrh. noch recht häufig[1]) und findet auch noch im 17. Jahrh. Verwendung. Ursprünglich drückte diese Wendung eine fortgesetzte Thätigkeit aus, in vielen Fällen indessen sagt sie kaum mehr aus als das einfache Verb[2]). Bekannt ist, dass Vaugelas[3]) seine Stimme gegen den allzu ausgedehnten Gebrauch dieser Redewendung erhob und ihre Verwendung nur auf die Fälle beschränkt wissen wollte, wo »aller« wirklich eine Bewegung ausdrückt: »si en marchant une personne chante, on peut dire, **elle va chantant;**... mais pour les choses où il n'y a point de mouuement local, il ne se dit plus.« Seit Corneille ist diese Ausdrucksweise veraltet und nur im eigentlichen Sinne zu gebrauchen [elle va chantant = sie geht und singt zugleich[4])].

Diese Umschreibung ist nun auch bei Amyot sehr häufig anzutreffen und zwar nicht nur in den Fällen, wo aller seine Grundbedeutung bewahrt hat [Rabelais macht von ihr nur in solchen Fällen Gebrauch[5])], sondern auch sonst.

Theseus alloit punissant de mesme les meschans. 3 v. ainsi que tesmoignent les vers que lon va chantant apres. 6 v. alloyent souuent repetant leur propre nom. 271 r. et escoutoit tres-affectueusement ceux qui alloyent recitant quel homme c'estoit. 2 v.

---

[1]) Diez III, 201. Procop 54. Glauning 331. Ringenson 24. Wenzel 84.
[2]) Diez III, 201. Procop 54. Glauning 331.
[3]) I p. 313.
[4]) Diez III, 201.
[5]) **Saenger** 19.

Wie bei Commines[1]), Montaigne[2]) und Garnier[3]) tritt auch bei Amyot das veränderliche Part. Praes. an die Stelle des Gerundiums.

quelques uns... vont disans que ce ne fut pas lui qui la rauit. 9 v. et apres lui marchoyent des putains, courtisanes, et menestrieres Seleuciencs, qui alloyent chantans des brocards et ateintes de moquerie. 368 v. ceux qui en emporterent, alloyent crians ce mot Tallassius. 16 v.

3) **être pour mit Infinitiv,** eine dem Afz. nicht bekannte Wendung, drang im 16. Jahrh. durch italienischen und spanischen Einfluss in Frankreich ein. Im 16. Jahrh. gern angewandt[4]), wurde sie jedoch schon von Vaugelas als bas bezeichnet[5]). Im 17. Jahrh. machte Molière[6]) im Gegensatze zu Corneille und zu Racine noch recht häufig Gebrauch von ihr. — Littré (unter pour) sagt, dass »il est pour partir« sich noch jetzt findet und zwar in der Bedeutung »il est sur le point de partir.«

Diese Umschreibung ist nun in den »Vies« sehr oft anzutreffen; sie ist hier 1) gleich être fait pour, de nature à. 2) steht sie als Umschreibung des Futurums.

Lucullus... iouïssoit de son repos, comme n'estant plus pour porter la peine. 421 v. on dit, que les enfans qui sont pour estre suiets au mal caduc, ou autrement catarreux ou maladifs, ne peuuent resister ni durer à ce lauement de vin. 31 r. la guerre encontre lui n'estoit pas pour se decider par une seule bataille. 240 r. Fabius... auoit bien preueu le danger auquel ils estoyent pour tomber. 144 v. on estimoit qu'il seroit pour remettre un iour la Macedoine en sa gloire anciene, et que lui seul seroit pour reprimer la puissance des Romains. 153 v. ceux-là estoyent trop loin, et n'auoit-on pas crainte... qu'ils fussent pour venir 71 v.

[1] Stimming 220.
[2] Glauning 331.
[3] Procop 54.
[4] Glauning 344. Ringenson 25.
[5] II, 27 des Neudrucks.
[6] Berg 19.

4) **Umschreibung des verneinten Imperativs** durch vouloir, dem lat. noli mit Infinitiv entsprechend, war auch dem Afz. geläufig[1]). Bei Amyot zeigt sie sich ebenfalls, so in dem Satze:
lors la bonne femme se prit à crier haut et clair, Ne vueilles donc point estre Roy. 592 r. (μὴ βασίλευε).

5) Bemerkenswert ist ferner wegen ihres häufigen Vorkommens die **Umschreibung mit avoir à**, deren sich Amyot oft an Stelle des einfachen Verbums in Nebensätzen bedient, welche von einem Verb des Forderns und Befehlens abhängig sind.
il requit que Martius eust à se deposer de son estat. 148 v. les autres fermiers... requirent qu'il eust à nommer promptement son respondant. 123 r. il manda à toutes les villes qu'elles eussent à enuoyer deuers lui... dix des principaux hommes de chasque ville. 161 r. Je te commande, Pompeius que tu ayes à secourir la chose publique. 425 r. Tydeus lui commanda superbement, qu'il eust à se retirer incontinent. 135 r. Saturninus adonc fit commander aux Consuls par edict du peuple, qu'ils eussent à bannir Metellus. 275 r. ils firent... commandement aux Volsques qu'ils eussent à vuider de la ville de Rome. 144 v. le Senat ordonna aux magistrats, qu'ils eussent à leur otroyer tout ce qu'elles leur requerroyent. 148 v.

Diese Umschreibung wird noch jetzt gebraucht nach einzelnen Verben des Wollens und Fürchtens, um Undeutlichkeit zu vermeiden[2]).

6) Die **Umschreibung des Futurs durch devoir**, welche auch heute noch angewandt wird[3]), findet sich in den »Vies« mehrfach.
les deuins... le prirent en mauuaise part, craignans que ce ne fust l'acomplissement de la prophetie qui leur promettoit, que les Atheniens deuoyent une fois prendre tous les Syracusains. 349 r. il auoit esté pratiqué et gagné par Darius,

---

[1]) Diez III, 213.
[2]) Lücking § 333 Anm.
[3]) Lücking § 299.

sous promesses de grands biens, qu'il lui deuoit donner auec sa fille en mariage, pour loyer de faire mourir son maistre. 440 v.

7) **rendre mit dem Part. Perf.** war früher viel häufiger als jetzt..

...rendit son plus grand ennemi comblé de gloire. 207 v. Les harangueurs à la gorge prendrai, Et Nicias estonné ie rendrai. 345 r.

8) **Das reflexive Verbum als Umschreibung des Passivs** war im 16. Jahrh. sehr gebräuchlich[1]). Auch jetzt noch tritt oft das reflexive Verb für das passive ein, jedoch nur bei sächlichem Subjekte oder wenn das logische Subjekt nicht in Gestalt einer näheren Bestimmung hinzugefügt ist[2]). Das 16. Jahrh. schaltete hier freier. So bietet auch Amyot Beispiele für die genannte Umschreibung, in denen das Subjekt durch par mit dem Verb verbunden ist.

à laquelle (= la Bonne deesse) tous les ans se fait un solennel sacrifice par la femme ou mere du Consul. 566 v. les ieunes hommes... cuidoyent... que ce fust comme quelque mystere solennel... qui se iouast... par les plus gros personnages de la ville. 567 r.

9) **s'en aller mit dem Part. Praet.** zur Umschreibung des passiven Futurum instans[3]), eine Construction, die sich im 16. Jahrh. häufig findet[4]) und von welcher sich noch jetzt als Rest die Redensart »la chose s'en va faite« = elle est sur le point d'être achevée (Dict. de l'Acad.) zeigt, wird auch von unserem Verfasser angewandt; in den »Vies« erscheint sie jedoch nur selten.

et finalement voyant qu'il n'y auoit ordre ni moyen aucun d'eschaper, la ville s'en allant prise, il se tua lui - mesme. 281 r. la couuerture qu'ils prenoyent pour masquer leur ambition, estoit la reputation de la ville d'Athenes, laquelle

---

[1]) Darmest. § 194. Saenger 19. Glauning 331, 332. Ringenson 26.
[2]) Darmest. § 194.
[3]) Körting p. 24 Anm. 3.
[4]) Darmest. § 196. Procop 56. Ringenson 25, 26.

s'en alloit, ce disoyent - ils, de tout poinct aneantie et perdue, s'ils... 351 v. sur l'instant que la ville s'en alloit prise, ils... 651 v.

D. Gebrauch der Hilfsverben.

In Bezug auf die Verwendung der Hilfsverben avoir und être bieten die »Vies« folgende Abweichungen vom jetzigen Sprachgebrauch.

1) Von Verben, welche bei Amyot être, jetzt aber nur avoir zu sich nehmen, sind zu erwähnen courir, sauter und succéder.

courir. une bonne partie estoit courue apres les autres. 366 r. c'estoit la cause pour laquelle ils estoyent courus apres lui. 558 v.

sauter. Acilius... estant sauté dedans un vaisseau des ennemis y eut la main droite abatue d'un coup d'espee. 465 r.

succéder. Afranius n'agueres retourné de l'Espagne, là où pource qu'il lui estoit mal succedé, on le calomnioit d'auoir trahi et vendu à Cæsar son armee pour un pris d'argent, alloit demandant · pourquoi... 473 r.

2) Wenn zu einem reflexiven Verb oder zu einem Intransitivum, das die zusammengesetzten Zeiten mit être bildet, eins der Verben pouvoir, vouloir, oser, penser tritt, so überträgt sich bei Amyot [wie früher bei Commines[1])] das être oft auf das Modusverb[2]). Aus den »Vies« mögen folgende Beispiele für diesen Brauch angeführt werden:

a) bei Reflexiven.

ceux qui s'estoyent peu sauuer iusques là,... enuoyerent deuers Pompeius. 415 r. Et si ne me semble pas croyable, que lui... se fust voulu si insolentement et si superbement monstrer aux Atheniens. 133 v. ... si ce n'est que le poëte Antiphanes se soit voulu moquer de ce qu'il conseilloit au

---

[1]) Stimming 209.
[2]) Beispiele aus Monluc bei Ringenson p. 21, aus späterer Zeit bei Berg p. 21.

peuple, de... 553 v. il n'est pas vraisemblable que la Grece se fust voulu si tost soustraire de la domination de ceux qu'elle auoit desia tout acoustumez. 240 v. s'il auenoit que Mithridates fust pris, il n'y auroit personne qui raportast plus d'honeur et de gloire de sa prise, que lui qui... lui auroit mis sus la main lors qu'il se seroit pensé sauuer de vistesse. 324 r.

    b) bei Intransitiven.

Voila ce qui est peu venir à nostre conoissance, touchant les choses notables et dignes de memoire. 576 r. au parauant onques ennemi n'y estoit osé entrer en armes. 401 v. ils estoyent cuidé mourir de male faim. 90 v.

3) Wenn zwei Verben auf einander folgen, die beide mit être umschrieben sind, so setzt Amyot das Hülfsverb oft nur beim ersten Particip, obwohl das zweite sein eigenes, bisweilen in anderem Numerus als das erste stehendes Subjekt bei sich hat.

apres que la resolution de faire l'entreprise eut esté arrestee, et lui eleu le premier Capitaine..., il se leua. 348 r. ils furent presque tous tuez sur le champ, la ville prise, destruite et rasee rez pied rez terre. 438 r. ... et leur ordonna qu'ils se ioüassent et balassent ensemble au long de la mer, iusque à ce que les ennemis fussent descendus en terre, et leur vaisseau saisi. 52 r. Milo... le pria de se faire porter... sur la place, et là se reposer, en atendant que tous les iuges fussent venus et le parquet tout rempli. 571 v. Si fut condamné par contumace à faute de comparoir, et tous ses biens confisquez. 129 r.

E. Gebrauch der Tempora.

1) Amyot ist als Übersetzer in seinem Sprachgebrauch in mancher Hinsicht durch seine Vorlage beschränkt. Namentlich gilt dies vom Gebrauch der Zeiten, denn indem er sich bemüht, das bei Plutarch Vorgefundene möglichst genau wiederzugeben, entbehrt er einen grossen Teil der Freiheit,

deren sich seine Zeitgenossen hinsichtlich des Gebrauchs der Zeiten erfreuten. So benutzt er das **Praes. hist.**, welches zu seiner Zeit sehr häufig verwendet wurde und mit dem Perf. hist. und dem Imparfait in demselben Satze wechselte, ausserhalb der Fälle, wo er dieses Tempus bei Plutarch vorfand, verhältnissmässig selten.

Mais sur le poinct qu'il estoit en ce desespoir, on va descouurir au dessus du port Demosthenes auec sa flotte equipee et armee brauement. 351 v. (Ἐν τούτῳ δὲ Δημοσθένης ὑπὲρ τῶν λιμένων ἐπεφαίνετο λαμπρότατος τῇ παρασκευῇ.)

2) Der Unterschied zwischen dem **Imperfectum** und dem **historischen Perfekt** wird von Amyot in den meisten Fällen genau beobachtet.

3) Das **historische Perfekt** steht mehrmals, wo wir jetzt das Perfectum II verwenden würden. So in folgenden Sätzen:

mais si Antonius prend son chemin par le bas, qu'il se tiene tout asseuré d'auoir toute telle fortune comme l'eut Marcus Crassus. 610 v. il semble qu'elle soit fort anciene, ayant esté instituee par les Arcadiens qui vindrent auec Euander. 19 v. le nom ...peut auoir esté imposé à cause de la Louue qui nourrit Romulus. 19 v.

4) Das **historische Perfect** vertritt auch bisweilen das Plusquamperfect.

et le peut-on conoistre par ce qu'ils porterent tres-grand honneur à celles qui furent rauies. 14 v.

5) Wie bei anderen Autoren des 16. Jahrh.[1]), erscheint auch bei Amyot das Imperfectum von devoir an Stelle des Imperf. Futur.

ils... tindrent conseil, pour sauoir quand et comment ils le deuoyent occire. 388 v. il estima que le but principal d'un bon establisseur et reformateur de chose publique, deuoit estre, faire bien nourrir et bien instituer les hommes. 29 v.

6) In Bezug auf die Futura ist zu bemerken, dass Amyot mit Vorliebe in Nebensätzen die Tempora der idealen Hand-

---

1) Vogels 482 ff. Glauning 345.

lung setzt, wo heute die entsprechenden Tempora der realen Handlung Verwendung finden würden. So z. B. in folgendem Satze:

les poëtes tragiques ... espandirent ... plusieurs paroles iniurieuses ... contre lui, comme à l'encontre d'un homme qui auroit esté cruel et inhumain. 5 r.

F. Modi.

I. Indicativ.

1. **In Relativsätzen, welche von einem Superlativ abhängig sind,** war früher der Indicativ häufiger als jetzt. Indem Amyot in solchen Sätzen in den meisten Fällen den Conjunctiv verwendet, steht er auf dem Boden des Neufranzösischen. Als Abweichungen vom jetzigen Sprachgebrauch sind zu erwähnen:

C'estoit bien le plus honorable combat qui sauroit estre entre les hommes. 35 r. c'est la plus aisee prise... que lon sauroit auoir sur son ennemi en combatant. 2 v.

Auch der von »le premier« abhängige Relativsatz zeigt mehrfach den Indicativ, wie ja auch noch jetzt dieser Modus in Sätzen solcher Art nicht unerhört ist. (cf. Lücking § 314; Plattner § 254 Anm. 3).

Et quant aux Abantes, ils ont veritablement esté les premiers qui se sont ainsi faits tondre. 2 r. Cestui Menestheus fut le premier qui commença à flater le peuple. 9 v. Cæsar fut le premier qui loüa ainsi publiquement sa femme decedee. 462 r. Lon dit que le Roy Numa Pompilius fut le premier qui inventa ceste façon d'interposer un mois. 477 v. ce fut le premier qui monta sur la muraille des ennemis. 539 r. Annius Milo... fut le premier qui osa mettre la main sur Clodius. 571 r.

2. Auch **das von einem Verbum des Wollens abhängige Verb** setzt Amyot in Uebereinstimmung mit dem

neueren Sprachgebrauch in den Conjunctiv. Als Ausnahme ist verzeichnet:

Si interpreterent les autres deuins, que ce songe l'admonestoit qu'il deuoit soigneusement auoir l'œil sur sa femme. 435 r. — Dagegen mit dem Conjunctiv: Attalus ... admonesta les autres seigneurs Macedoniens... qu'ils priassent aux dieux que... 437 r. il... l'admonesta qu'il regardast bien soigneusement comment il useroit de celle medecine. 449 r.

Einige Verben des Wollens, namentlich commander und ordonner, haben jetzt auch wohl den Indicativ (Fut. und Imp. Fut.) nach sich. In den »Vies« überwiegt nach **ordonner** der **Indicativ**; nach **commander** scheint jedoch nur der **Conjunctiv** vorzukommen.

3. **Nach den Verben des Affects** setzte das Altfranzösische in der Regel den Indicativ, indem es die Aussage des Nebensatzes objectiv fasste. Die Autoren des 16. Jahrhunderts stehen zum Teil noch auf dem alten Standpunkte, zum Teil huldigen sie der neueren Anschauungsweise. In den »Vies« zeigt sich der Indicativ nach Verben des Affects in folgenden Sätzen:

les principaux du Senat lui envierent ceste gloire, estans marris qu'il ne se contentoit pas de tant d'honeurs qu'il auoit aquis. 65 v. et suis marri qu'il faut que ie vous die, que... 206 r. il fut tout esbahi qu'il trouua en son logis les tables toutes chargees de vaisselle d'or et d'argent. 417 v. il fut tout esbahi qu'il se trouua lui-mesme enuironné par derriere. 411 v. ils furent esbahis qu'ils le virent auec tout son exercite. 468 v. Dicæarchus se plaint et se courrouce qu'on ne sait le nom d'elle, ni celui de la mere d'Epaminondas. 397 v.

4) Nach **c'est la coutume**[1]) findet sich in den »Vies« sowohl der Conjunctiv als der Indicativ.

estant alors la coustume en Hespagne, que ceux qui estoyent à lentour du Prince ou du Capitaine mourussent auec lui.

---

[1]) Lücking § 321 Anm. 2.

376 v. Aber: estant la coustume des Lacedæmoniens, qu'ils inhumoyent les corps de leurs citoyens qui decedoyent hors du païs, au lieu mesme où ils mouroyent, ... les Spartiates... 404 v.

5) Nach **combien que,** das jetzt veraltet ist, steht in den »Vies« in den meisten Fällen der Conjunctiv; vereinzelt tritt jedoch auch der Indicatiy auf, welcher nach dieser Conjunction bei Commines häufig[1]) und im 16. Jahrhundert ebenfalls nicht allzu selten erscheint.[2])
combien qu'il ne le daigna pas seulement saluer. 650 v. combien que les uns veulent dire que... 651 r.

II. Conjunctiv.
a) in Hauptsätzen.

1) Zum Ausdrucke des **Wunsches** steht bei Amyot, wie im Altfranzösischen und auch noch oft im 16. Jahrhundert [3]), der Conjunctiv ohne das einleitende que, welches jetzt nur in gewissen stehenden Ausdrücken entbehrt werden kann.
Parquoy qui voudra, dit-il, si se leve, et suade au peuple ce que bon lui semblera. 63 r. Male mort, dit-il, viene à celui qui a si mal menti. 568 v. Dieu te gard, sire Roy Antigonus. Adonc lui respondit Antigonus: Et Dieu te gard aussi. 583 v. Cede la force armee à la prudence, Le triomphal laurier à l'eloquence. 576 v. Eumenes lui repliqua, Ainsi m'aide Jupiter. 389 v.

Daneben auch in modernder Weise mit que, z. B.
Phocion leur repliqua, Or qu'il me laisse donques le sembler et l'estre toute ma vie. 490 v. ceux qui voudront conseruer l'autorité des loix, qu'ils me suiuent. 543 v. mais si Antonius prend son chemin par le bas, qu'il se tiene tout asseuré d'auoir toute telle fortune comme l'eut Marcus Crassus. 610 v.

2. Auch zur Bezeichnung der **Einräumung** ist in den ›Vies‹ der Conjunctiv ohne que anzutreffen.

---
[1]) Stimming 213.
[2]) Gräfenberg 75. Procop 122. Ringenson 49.
[3]) Gräfenberg 76. Saenger 25. Procop 59. Glauning 332. Ringenson 52.

il escria à ceux qui estoyent à lentour de lui en langage Grec, Le dé soit ietté. 425 v. Mit que: Ce Roy fit responce qu'il y penseroit. Et bien, repliqua Agesilaus, qu'il y pense donques. 396 v.

b) in Nebensätzen.

1) Der Conjunctiv in **Concessivsätzen** ohne que steht, wie früher bei Froissart[1]), Commines[2]), und mehrfach im 16. Jahrhundert[3]), auch in den »Vies.« So in folgenden Sätzen:

à l'auanture estoyent - ils contrains de ce faire, voulussent ou non. 14 r. Olthacus... dit qu'il y entreroit voulust ou non. 329 v. il estoit contraint, voulust ou non, de suporter la vaine gloire... de cest Aegyptien. 403 v. mais lors qu'elle fut prise et pillee, fust ou pource qu'il lui faschast de molester ses citoyens, ou que pour la multitude d'autres afaires il eust oublié son vœu, il endura que... 84 r. car fust ou en ieu, ou en afaire de consequence, elle trouuoit tousiours... 605 r. lequel, fust ou pour gratifier à Cleopatra, ou pource qu'il le trouuoit ainsi par son art, disoit... 606 r.

2) Ferner steht, abweichend vom neueren Sprachgebrauch, der Conjunctiv einmal zur **Qualificierung eines Nomens**:

si d'auanture il festoyoit quelques ambassadeurs et quelques siens hostes, qui le fussent venus voir, il y aioustoit deux autres licts. 529 v.

3) **Nach einem affirmativen Comparativ** ist einmal der Conjunctiv verzeichnet:

ils virent que leurs afaires y prosperoyent mieux qu'ils n'eussent osé esperer 11 v.

4) Nach affirmativ gebrauchten **Verben des Denkens, Meinens, Glaubens, Darstellens, Empfindens** setzt man jetzt den Indicativ, indem der Inhalt des abhängigen Satzes als etwas Objektives aufgefasst wird. Im Altfranzösischen

---
[1]) Ebering 339.
[2]) Stimming 213.
[3]) Vogels 504. Procop 61. Glauning 333.

dagegen war die subjektive Auffassung recht gewöhnlich, sodass sich dort nach solchen Verben häufig der Conjunctiv findet. Namentlich ist dies der Fall bei cuidier. Auch in den späteren Zeiten der Sprache sehen wir den Conjunctiv nach den oben genannten bejahend gebrauchten Verben oft auftreten, so im 15. Jahrhundert bei Commines[1]) und besonders im 16. Jahrhundert, wo von ihm ausgiebig Gebrauch gemacht wird[2]). Im 17. Jahrhundert findet er sich ebenfalls, wenn auch nicht mehr so häufig wie früher, und gelegentlich erscheint er noch jetzt nach einzelnen Verben.[3])

Amyot verwendet ausser dem Indicativ auch recht oft den Conjunctiv, für welch letzteren Modus hier einige Beispiele folgen mögen.

cuider. ils cuiderent que ce fussent vaisseaux d'amis 5 v. Les Latins cuiderent que ce fussent veritablement les filles des Romains. 22 v. Les autres cuident que ce nom leur ait esté imposé par maniere d'exception. 41 v.

conjecturer. quant à Phocion, ie coniecture qu'il ne soit point issu de bas ni de vil lieu. 486 v.

se douter. Timæus se doute qu'il y ait eu deux de ce nom. 25 r.

estimer. et estime-on que ce soit la cause pour laquelle... 391 r. les Atheniens mesmes estiment que cela soit un conte fait à plaisir. 52 v. les autres estiment que ceux-là ayent controuué ce qu'ils en disent. 87 v.

penser. et pense lon que ce soit où ils bruslerent les morts. 73 r. et pensoit-on que ce fussent les Aeacides. 75 v.

5) **il me semble** hat jetzt fast immer den Indicativ nach sich. Auch Amyot bevorzugt diesen Modus, und nur selten erscheint der Conjunctiv, wie in folgendem Satze:

Vercingetorix, duquel auparauant les Gaulois auoyent fait mourir par iustice le pere, à cause qu'il leur sembla qu'il aspirast à se faire Roy. 468 r.

---
[1]) Stimmung 212.
[2]) Darmest. § 202. Glauning 334. Grosse 258. Ringenson 53. Procop. 62. Saenger 27,28. Gräfenberg 76,77.
[3]) Mätzner p. 390.

6) Hinsichtlich des Modus **nach anderen Conjunctionen als que** stimmt Amyot im Allgemeinen mit dem heutigen Sprachgebrauch überein. Jedoch ist zu bemerken, dass **comme** (temporal und causal), welches jetzt den Indicativ erfordert, in den »Vies« öfter den Conjunctiv nach sich hat. Dieser Modus nach comme ist Nachbildung des Conjunctivs nach dem lat. quum und findet sich wie früher[1]), auch sonst im 16. Jahrhundert.[2])

Et Plistonax fils de Pausanias, comme un orateur Athenien apellast les Lacedæmoniens grossiers et ignorans: Tu dis vrai, lui respondit-il. 33 r. et comme les oficiers fussent empeschez à cercher dont ils en pourroyent recouurer, les dames Romaines... 84 r. Depuis estant ia la guerre Peloponesiaque en branle, comme ceux de Corfou fussent guerroyez par les Corinthiens, il... 106 v. et comme Pericles alleguast une loy qui defendoit d'oster le tableau..., il y eut... 106 v. Et comme Minutius se vantast et glorifiast de ce que la maiesté du souuerain magistrat auoit esté rauallee et abaissee pour l'amour de lui, Fabius luy remonstra que... 114 r. Car comme ils le priassent de leur vouloir escrire des lois... il leur respondit... 323 r. mais comme ils ne cessassent point pour cela de crier et de braire contre lui, il se mit à leur faire ce conte. 488 r.

III. Imperativ.

1. Wie noch sonst im 16. Jahrhundert[3]), so findet sich auch bei Amyot zuweilen der Imperativ statt des Praes. conj. gebraucht nach Verben des Bittens. Aus den »Vies« sind für diesen Gebrauch folgende Sätze verzeichnet:

ie te prie dis moi, quelle... 672 v. ie te prie dis moi qui il est. 118 r. et te prie vueille-moi receuoir pour compagnon. 431 v.

2. Umschreibung des Imperativs s. unter C, 4.

---

[1]) Diez III 347, 350. Stimming 212.
[2]) Ringenson 56.
[3]) Gräfenberg 81.

G. Infinitiv.

I. Der substantivierte Infinitiv.

Die im Altfranzösischen gewöhnliche Substantivierung des Infinitivs erhält im 16. Jahrhundert neue Lebenskraft durch das Wiederaufleben des Studiums der griechischen Sprache, und es wird von ihr zu jener Zeit in ausgedehntem Masse Gebrauch gemacht[1]; indessen ist der substantivierte Infinitiv nicht bei allen Autoren gleichmässig beliebt. Während z. B. Montaigne ihn sehr gern verwendet[2], ist sein Gebrauch bei Andern beschränkter, wie z. B. bei Garnier, Rabelais[3], Monluc[4], Montchrestien[5].

Die »Vies« sind äusserst reich an substantivierten Infinitiven, und zwar sind nicht nur fast alle sich bei Plutarch findenden substantivierten Infinitive von Amyot durch dieselbe Construction wiedergegeben, sondern es ist auch sonst recht oft von ihr Gebrauch gemacht.

a) Der substantivierte Infinitiv als Subjekt.

1) mit Artikel.

le beaucoup parler fust repris et blasmé des Lacedæmoniens. 33 r. le mesnager, marchander et trafiquer y estoit defendu aux hommes libres. 47 v. l'estre retenu et ne faire rien trop en cela, comme en toute autre chose, est le meilleur (ἡ δ'εὐλάβεια, καὶ τὸ μηδὲν ἄγαν, ἄριστον). 83 v. Car plus fait à louer le sauoir bien user des biens, que des armes: et plus encore fait à reuerer le non les apeter, que le bien en user.

---

[1] Darmest. § 203. Gräfenberg 88 ff.
[2] Glauning 336.
[3] Saenger 32.
[4] Ringenson 50.
[5] Wenzel 79.

139 v. l'estre bien né et bien nourri, modere et arreste l'entendement de l'homme. 540 v. le viure en delices est chose seruile, et le trauailler chose royale. 448 v. le retourner en arriere n'estoit autre chose, que confesser auoir esté veincu. 455 v. Bien que de soi ne soit la chose honeste, Le desister seroit ia deshoneste. 521 v. l'estre extremement ioyeux de se sentir loüer, et l'estre passionné du desir d'honeur lui demoura tousiours tant qu'il vescut iusques à la fin. 562 v. le prendre n'estoit pas reputé mal fait. 576 v. — Cela fut une grande honte à Nicias, pource qu'il ne fut pas pris comme un rendre ou ietter ses armes, mais fut iugé encore pis. 346 r.

2) ohne Artikel.

liurer ainsi leurs femmes ne seroit autre chose que se rendre et se soumettre à la merci de leurs ennemis. 22 v. fuir la mort n'est point de soi reprehensible. 178 v. Hercules... pensa bien que s'en plaindre à Aedoneus ne seruiroit de rien. 10 v. deliberer si nous demourerons fideles ou non à Neron, c'est desia demourer. 683 r. se voir puis apres frustré, il iugea que c'estoit bien signe que Galba auoit mauuaise opinion de lui. 687 v. quelques uns ont autrefois dit que Laconiser estoit plustost philosopher. 33 r.

b) Der substantivierte Infinitiv als Objekt.

ceux qui estoyent en bataille contre eux,... trouuoyent le fuir plus utile que l'atendre et demourer. 34 r. Il ne leur defendoit iamais le manger. mais il les nourrissoit de quelques herbes. 226 v. plusieurs... abandonnerent de tout poinct la ville, apellans seruitude le non auoir pleine licence de pouuoir viure entierement à leur plaisir. 255 v. Et sur tout craignant encore plus le non pouuoir reposer et dormir, il... 280 v. de l'un il auoit receu le viure: et de l'autre le bien viure. 437 r. Jusques à quel aage est-il expedient que l'homme viue? Jusques à tant, dit-il, qu'il n'estime point le mourir meilleur que le viure. 456 r. on aioustoit à la souueraine puissance et plein pouuoir de la Dictature, le non craindre d'en estre iamais deposé. 476 v. elle suporta doucement et ioyeusement le viure hors de sa maison en païs estranger. 537 r. laissans le contredire et refuter par raison, ils se tournerent deuers Marcus Octauius. 540 v. laissant aux femmes le plorer et lamenter ses aduersitez domestiques, il fit... 557 r.

c) Der substantivierte Infinitiv praepositionell.

Ciceron bien souuent usoit du moquer. 576 r. Au partir de Candie, il s'en alla en Asie. 26 r. au sortir des portes de la ville. 23 r. le conseil en sembla plus dangereux au deliberer, que l'execution à l'espreuue ne s'en trouua dificile. 453 v. au poindre du iour Agesilaus commanda... 397 r. Aussi estoit-il fort sobre de sa bouche quant au manger. 442 r. nous y en auons veu plusieurs qui endurent estre fouettez iusques au mourir. 32 r.

II. Der Accusativ mit dem Infinitiv.

Die Construction des Accusativs mit dem Infinitiv, welche auch dem Altfranzösischen bekannt war [1]), wurde im Mittelfranzösischen äusserst häufig verwandt [2]). Den Höhepunkt ihrer Beliebtheit erreichte sie im 16. Jahrhundert unter dem Einflusse des Lateinischen; dagegen ist in der jetzigen Sprache ihre Verwendung beschränkter.

Wie seine Zeitgenossen, so macht auch Amyot gern vom acc. c. inf. Gebrauch, und zwar sowohl in Anlehnung an den bei Plutarch sich findenden acc. c. inf., als auch sonst. In der jetzigen Sprache erleidet die Anwendbarkeit dieser Construction insofern eine Einschränkung, als sie nach den Verben des Wissens und Sagens fast nur dann auftritt, wenn das passive Objekt ein Relativum ist [3]). An eine diesbezügliche Bestimmung band sich das 16. Jahrhundert noch nicht, wie die folgenden Sätze zeigen.

---
[1]) Tobler p. 73.
[2]) Stimming p. 218. Darmest. § 204.
[3]) Lücking § 379, 1 b ð. Plattner § 293.

Il se disoit estre fils d'un Dionysius. 345 r. Or si l'on acorde telles choses pouuoir estre veritables, comment peut-on refuser à croire que... 39 v. ils estimoyent ce nombre-là lui estre plus conuenable. 11 r. Lycurgus estimoit cela ne seruir de rien. 27 r. ... fut aussi trouué fort mauuais du peuple, qui estima la dignité de la chose publique estre par lui mesprisee et contemnee. 478 r. il estimoit le dernier suplice à un Senateur Romain estre la prison. 567 r. (Hinsichtlich des vereinzelten Gebrauchs des acc. c. inf. in solchen Sätzen im Neufranzösischen cf. die Beispiele bei Plattner § 293).

Wie nach laisser, so tritt in den »Vies« auch nach **souffrir** gern der acc. c. inf. ein:

ils ne les auoyent pas secourus : ains auoyent soufert occire les personnes. 20 v. Les Consuls furent d'auis de leur donner audience publique et les soufrir parler au peuple. 62 r. il les soufroit venir piller iusques au pied de la mote. 94 r. ils soufroyent leurs gens de marine sortir hors des vaisseaux. 135 r. la fortune... soufrit pour lors Aemylius iouïr entierement du plaisir de sa victoire. 159 r. encore se soufroit-il mener par le nez, en maniere de parler, aux flateurs. 442 r.

Auch nach **ordonner** zeigt sich der acc. c. inf.:

tout ce que les deuins ordonnerent estre fait pour pacifier l'ire des dieux... fut fait. 117 r.

III. Der reine Infinitiv.
a) als Subjekt.

Der reine Infinitiv als Subjekt findet sich im 16. Jahrhundert sehr oft an Stelle des jetzt gebräuchlichen präpositionalen Infinitivs[1]). Auch unser Autor macht häufig Gebrauch vom reinen Infinitiv; nicht selten zeigt sich auch ein Schwanken zwischen dem reinen und dem präpositionalen Infinitiv.

1) Der reine Infinitiv steht als logisches Subjekt nach dem grammatischen Subjekt il (oder ce):

a) bei **être mit einem Adjektiv**.

il fut aisé à Antigonus se saisir des hardes... de ses ennemis. 389 r. cuides-tu qu'il soit conuenable à un grand

---
1) Ringenson 59.

personnage, se souuenir des torts qu'on lui a faits? 148 r. si lui sembloit bien qu'il estoit plus desirable et plus honeste pouuoir venir au dessus de ceux, ausquels il auoit à faire, de leur consentement et bon gré. 526 v. mais lui... qui... estimoit qu'il fust lors expedient pour le bien de ses afaires, monstrer semblant de n'en faire conte, tint contenance. 398 v. il m'est plus honorable confesser estre veincu. 115 r. il leur estoit impossible passer de là en Sicile. 170 r. en ce cas il n'estoit loisible ni à homme priué, ni au Roy mesme, mouuoir les armes. 43 r. il dit qu'il estoit malaisé preseruer de ruine une cité en laquelle un poison se vendoit plus qu'un bœuf. 219 v. Pourtant n'estoit-il point reprochable à homme qui se trouuast ia sur l'aage ..., s'il voyoit quelque beau ieune homme, qui ... lui semblast de gentile nature, le mener coucher auec sa femme. 31 r.

Dagegen mit de:
il estoit loisible à quiconque vouloit d'apeller l'outragement en iustice. 55 v. il n'estoit pas loisible d'instituer heritier à son plaisir. 56 v.

Bei loisible überwiegt der Infinitiv mit »de« in den »Vies«.

b) bei être mit einem Substantiv.

disant que c'estoit chose digne d'un Roy, soufrir d'estre blasmé. 449 r. ce seroit une grande honte à Cleomenes ..., atendre le loisir de cest autre Roy basteleur et triacleur, iusques à ce qu'il lui pleust ... 536 r.

Bisweilen hat das logische Subjekt »que« bei sich:
Or est-ce une belle chose que par iustice acquerir un royaume: mais aussi est bien belle chose que preferer la iustice à un royaume. 47 r. les Hespagnols estimoyent encore lors, que c'estoit une belle chose que viure de brigandage. 266 r. Mais aussi si c'estoit chose commune et facile à tout le monde que se conoistre bien soi-mesme, à l'auanture n'en eust-on pas atribué le commandement aux dieux 551 v.

2. bei unpersönlichen oder unpersönlich gebrauchten Verben.

il convient. il lui conuint abandonner son pays. 9 r. leur conuenoit faire plus de six lieuës. 692 v. et cependant nous conuient endurer des indignitez, faire ce qu'il nous commande, et porter de la peine et du trauail. 380 v. c'estoit au peuple où il faloit viser, et là où il conuenoit s'adresser, et non pas au Senat. 545 v. Les soudards Romains . . . auoyent ia fait leur conte, que toute la plus grande dificulté qu'ils auroyent en toute ceste guerre, seroit la longueur du chemin qu'il leur conuiendroit faire. 362 v.

il est permis. il leur est permis se marier si bon leur semble, et prendre une autre maniere de viure. 42 r.

il plaît. le Roy des Arabes... escriuit à Pompeius qu'il estoit prest et apareillé de faire tout ce qu'il lui plairoit lui commander. 419 r. iusques à ce qu'il lui pleust laisser son tabourin, et rompre sa danse et sa mommerie. 536 r. il lui auoit pleu se seruir de lui. 175 v. atendans ce qu'il plairoit aux dieux leur enuoyer. 88 r.

il sert. Que sert donc louer Brutus de paroles, et de fait imiter Tarquinius. 64 r.

Von den genannten Verben wird namentlich il plaît auch oft mit dem Infinitiv mit de construiert.

3. Nach einem **Abstractum mit être** steht neben dem noch jetzt gebräuchlichen Infinitiv mit de[1]) in den »Vies« auch mehrfach der reine Infinitiv.

tout leur aprentissage estoit aprendre à bien obeir, endurer le trauail, et à demourer veincueurs en tout combat. 31 v. les plus grands de ses afaires... estoyent faire festes et sacrifices, sonner d'un tabourin parmi son palais pour assembler le monde. 535 r. il estima, que le but principal d'un bon establisseur et reformateur de chose publique, deuoit estre, faire bien nourrir et bien instituer les hommes. 29 v. estimant que la vraye force estoit maistriser et contenir en soi-mesme...toutes cupiditez. 39 r. le commencement de veincre est s'asseurer. 73 r.

Dagegen mit **de**: leurs ieux estoyent de deuiser plaisamment ensemble, et de s'entredonner les uns aux autres des ateintes de rencontres courtes et aguës. 529 v. leur besongne, qui est de filer. 16 v.

---

[1]) Lücking § 428. Ploetz p. 221.

Wie sehr Amyot zwischen dem reinen und dem präpositionalen Infinitiv schwankt, mögen folgende Sätze zeigen.

Et tout ainsi que la perfection de l'art d'un bon escuyer d'escuyrie est rendre le cheual obeissant: aussi l'efet principal de la science d'un Roy est, de bien enseigner l'obeissance à ses suiets. 37 r. les actions des deux Romains estoyent racoustrer les grands chemins: rebastir ou repeupler des villes: et le plus magnanime fait de Tiberius fut, auoir ramené en commun les terres publiques: et de son frere Gaius fut, d'auoir meslé les iugemens, en aioustant aux Senateurs trois cens Cheualiers Romains. 549 v.

4. Der reine Infinitiv als Subjekt (und als Objekt) steht im Mittelfranzösischen (wie auch im Altfranzösischen, wo ausserdem der Infinitiv mit à vorkommt[1])) oft in **Comparativsätzen nach que**. Die jetzt geltende Bestimmung, dass der auf que folgende Infinitiv **de** bei sich haben muss, ist von Th. Corneille in die französische Sprache eingeführt worden im Anschluss an Vaugelas[2]), der noch in gewissen Fällen den reinen Infinitiv als zulässig bezeichnete. Der reine Infinitiv findet sich jedoch noch bis in unser Jahrhundert hinein[3]).

Amyot verwendet in Übereinstimmung mit den übrigen Autoren des 16. Jahrhunderts recht gern den reinen Infinitiv, jedoch zeigt sich auch häufig de.

eux aimans mieux mourir que fuir se serrerent ensemble. 179 v. il aimoit mieux estre le moindre citoyen de Rome, qu'estant banni de son païs, estre apellé Empereur de tout le reste du monde 379 v. il sauoit bien qu'ils aimeroyent mieux dominer que non pas estre dominez, et commander que non pas obeir. 636 r. il pensa qu'il valoit mieux venir à la bataille promptement, que dilayer dauantage. 394 r. il ne voulut onques le faire, disant qu'il valoit mieux mourir une fois, que tousiours atendre la mort en crainte. 477 r. Cæsar ... desiroit nourrir et entretenir plustost qu'esteindre tous remuemens ... en la chose publique. 503 v. Mais

---
[1] Haase 105. Soltmann 32.
[2] II. 311, 312 des Neudrucks von Chassang.
[3] Beispiele bei Lücking § 526 Note 3 und Berg p. 33.

Alexandre estimant . . . estre chose plus royale, se veincre soi-mesme, que surmonter ses ennemis. 441 v. Cela veritablement se peut aussi dire de ceux, qui au gouuernement de la chose publique n'ont autre but, que s'acommoder aux apetis et aux afections du commun peuple. 521 r. Sylla mourut auant que le pouuoir dedier. 65 v. auant que partir il atitra un nommé Marcius et un autre Cethegus . . . 565 v. aussi fut-il contraint de rompre son voyage auant qu'auoir executé son entreprise. 185 r. ceux qui tiennent que ce fut Demosthenes mesme qui les fit en l'isle de Calauria deuant que prendre la poison s'abusent grandement. 560 r. elle toute esperdue, deuant que prendre les lettres lui demanda si . . . 600 r. Ainsi les Consuls mesmes auant que faire les sacrifices ordinaires qu'ils ont acoustumé de faire premier que sortir de la ville, s'enfuirent. 471 r.

Dagegen mit de:

aimant mieux mourir que d'abandonner Pelopidas. 179 v. ils aimerent mieux consentir de bonne volonté à ce qu'il leur demandoit, que d'atendre qu'ils y fussent contraints par force. 7 r. il estima qu'il valoit mieux laisser entrer les ennemis, que de hazarder la bataille. 525 r. auant que d'entrer il se retourna deuers le Capitole. 94 v. nous tenons pour bien heureux ceux qui sont morts auant que de voir les Macedoniens fouëttez de verges Medoises. 452 r. il n'estoit pas loisible de manger deuant que de venir es salles publiques à part en sa maison. 28 v. son frere et lui . . . deuant que d'estre eux-mesmes afranchis, afranchirent . . . presque tous les Latins. 23 v.

b) als Objekt.

1. Der reine Infinitiv als Objekt zeigt sich, wie im Altfranzösischen und namentlich im 16. Jahrhundert[1]), auch bei unserem Autor nach einer grossen Zahl von Verben, welche in der heutigen Sprache den Infinitiv mit einer Präposition verlangen. Meist vertritt der reine Infinitiv den jetzt üblichen Infinitiv mit de.

---

[1]) Glauning 339. Saenger 36. Ringenson 61. Procop 68. Grosse 24. Gräfenberg 92. Wenzel 84.

commander. quand on leur commanda sortir aux champs la nuict. 91 v. ausquels il commanda s'en aller le matin à la porte du logis de Ciceron. 565 v.

être contraint. il estoit contraint se seruir de tels ministres qui le secondoyent en ses desseins. 475 v.

consentir. lui... consentit estre esleu prestre. 606 r.

craindre. Phllotas renuoya le porteur, craignant estre repris s'il les acceptoit. 605 r.

dédaigner. ce qu'elle desdaigna faire. 12 r.

délibérer. Pyrrus... alla piller et gaster tout le plat païs, deliberant y passer son hyuer. 262 r.

feindre. il... feignoit ne les point sauoir. 409 r. feignant ne lui vouloir point de mal. 637 r. feignant vouloir aller cercher son mari. 198 v. comme Philippus... feignist s'esmerueiller. 169 v. Mit reinem Infinitiv noch bei Lafontaine (cf. Littré s. v.).

jurer. les Barbares les laisserent aller par composition, laquelle ils iurerent leur garder loyaument. 272 v.

mander. A l'ocasion dequoi Marius fut mandé venir à Rome. 272 v.

ordonner. tout ce que les deuins ordonnerent estre fait pour pacifier l'ire des dieux... fut fait. 117 r.

permettre. ausquels il ne permit tenir ni exercer aucun ofice public. 55 r. la loi permet aussi à telle heritiere mal mariee s'acointer de qui elle voudra des parens de son mari. 56 r. il permit à tous criminels... apeller deuant le peuple. 64 v.

prier. il escriuit une autre fois à Galba, le priant qu'il voulust accepter l'Empire, et se vouloir donner pour chef à un corps fort et puissant, qui n'auoit besoin que d'une teste. 682 v.

promettre. l'autre promettant leur estre à l'auenir de tant plus loyal et plus afectionné ami. 404 r. promettans estre... bons alliez et confederez des Lacedemoniens. 531 r. ie... te promets ofrir et dedier les plus belles... despouilles des ennemis. 193 v.

requérir. cest estat de marchandise... requiert aussi en recompense faire quelquesfois bonne chere, et à se traiter delicieusement. 50 r.

souffrir. ils... soufroyent estre percez à coups de trait. 212 r.

Diesen Sätzen mit dem reinen Infinitiv stehen jedoch viele gegenüber, welche den Infinitiv mit de (resp. à) nach den genannten Verben aufweisen.

2. Der Unterschied zwischen ne faire que + Infinitiv und ne faire que de + Infinitiv wird von Amyot nicht immer gewahrt. So steht ne faire que + Infinitiv, wo jetzt nur ne faire que de + Infinitiv zulässig ist:

il aperceut ce Nicagoras descendant d'une nauire, qui ne faisoit qu'arriuer, et... le salua amiablement. 535 v. il eut nouuelles que Icetes ne faisoit gueres qu'arriuer à l'heure deuant Adrane. 168 v. — Dagegen gleich darauf wie noch jetzt mit de: ne faisans que d'arriuer 168 v.

Anm. Ausser dem im 16. Jahrhundert und noch jetzt gebräuchlichen c'est à savoir (oder nur à savoir) findet sich bei Amyot auch die Wendung savoir est, z. B.

comme aussi ils reprouuent tout ce que l'on conte de Munychus, sauoir est, que Laodice l'ayant secrettement conccu de Demophon, il fut... 10 v. il eut quatre fils, de chacun desquels sont... demourees des plus nobles races et plus ancienes maisons de Rome, sauoir est celle des Pomponiens de Pomponius,... 46 r.

IV. Der präpositionale Infinitiv.
A. Der Infinitiv mit der Präposition de.

1. Der Infinitiv mit »de« steht in den »Vies« nach Verben und Adjektiven, welche jetzt à verlangen.

a) nach Verben.

apprendre. ie n'ai point apris de fausser ma foy, ni de faire acte de trahison. 606 r. (»Il n'y a aucune faute de grammaire à mettre »de« après apprendre, mais l'usage ac-

tuel rejette cette tournure, qui reste un archaïsme.«
Littré. s. v.).

s'attendre. il s'atendoit de le trouuer encor en la coste
de la Bithynie. 327 v. ils s'atendoyent... d'auoir à la saison
nouuelle une bien aspre et forte guerre. 100 r. va t'en demain au matin vers les Tribuns militaires, les auertir qu'ils
s'atendent d'auoir bien tost ici les Gaulois. 85 v.

s'avancer. Vindius... s'auança de dire que Pompeius
au sortir de l'escole estoit soudain deuenu Capitaine. 407 v.

chercher. Pericles, qui cerchoit de complaire à la commune. 343 v. disans qu'il cerchoit de faire son apointement
auec lui. 568 v. ces seditieux, qui cerchoyent de faire quelque nouuelleté. 564 r. il cercha de se fortifier des estats et
ofices de la ville contre lui. 423 v.

encourager. ce qui plus... le poussoit et l'encourageoit de fauoriser ceste entreprise, estoit son fils Hippomedon. 522 v.

enseigner. ils les voyoyent s'entretuer eux-mesmes, et
plus iustement que nul autre, celui qui premier les auoit
alechez, et qui leur auoit enseigné d'esperer tant à la mutation d'un Empereur, comme... 682 r. en leur enseignant
de s'enorgueillir pour leurs biens et leurs richesses. 285 v.

s'essayer. Antonius s'essaya de la rendre un petit plus
gaye 600 r. ce que Platon s'essaya de faire. 637 v.

s'étudier. Fabius... s'estudia de mettre Rome en la plus
grande frayeur qu'il lui fut possible. 119 r. il s'estudia de le
ietter en honestes ocupations. 636 r. Phocion... s'estudia
de rendre son fils... homme de bien. 487 v. ie me suis
estudié de recueillir des choses qui ne sont pas communes
à tout le monde. 343 v.

s'évertuer. ...s'esuertua d'y monstrer toutes les preuues qu'il est possible de prouësse et de valeur. 266 v.
Aussi n'y a-il rien qui defende... qu'il (scil. l'homme) ne
puisse et ne doyue s'esuertuer d'en auoir à sufisance autant comme il en a de besoin. 50 r. ses amis lui conseilloyent, qu'il choisist plustost le hazard de la bataille, en lui

alleguant... que les Macedoniens s'esuertueroyent de faire tout l'efort qu'ils pourroyent. 156 v.

enhorter. il y trassa et desseigna le plan d'une ville, et depuis y amena le Roy, et l'enhorta de la faire bastir et peupler. 336 v.

consentir. c'estoit celui seul, auquel les citoyens qui estoyent dehors consentoyent d'obeïr. 89 r.

faillir = verfehlen, unterlassen.

quand quelqu'un est acusé de crime capital, et qu'il faut de se trouuer à l'assignation qui lui a esté donnee, encore enuoye-on le matin à la porte de son logis une trompette. 545 r. Theseus... faillit à son retour de faire tendre la voile blanche. 24 r. il punissoit... ceux qui auoyent failli de seruir à la table. 225 v. il auoit failli de soi trouuer à Athenes. 444 v. il lui manda qu'il ne faillist pas de se rendre la nuict ensuiuant sur le port à l'endroit du temple de Ceres. 160 r.

feindre = zögern. (Acad.: »Dans ce sens, qui a vieilli, il ne se dit guère qu'avec la négation.« Littré: »Il se construit avec la préposition »à«, quand il n'est pas accompagné d'une négation. Il se construit avec la préposition »de«, quand il est accompagné d'une négation«.) ses familiers et amis le tançoyent, disans qu'il seroit bien beste, si pour crainte du nom seulement d'estre apellé tyran, il faignoit d'accepter la monarchie. 53 v.

inciter. l'ocasion qui l'incita d'estudier à l'eloquence fut telle, comme on trouue par escrit. 552 r. Antonius... se mit à persuader et inciter Gabinius d'entreprendre ce voyage. 597 v. ces trois Roys... enuoyerent leurs ambassadeurs vers Pyrrhus pour le pratiquer et le tirer à leur ligue, en l'incitant de descendre en la Macedoine. 592 v. se mit à emouuoir et inciter le peuple d'en faire la vengeance. 547 v.

mettre peine. si mit peine d'en trouuer la sepulture. 316 r. il mettoit peine de recouurer... les principaux actes, edits, decrets... 502 v.

prendre plaisir. les autres seigneurs Romains... prenoyent plaisir de voir leurs ieunes hommes s'adonner à l'estude des lettres et disciplines Grecques. 226 r. ils veulent que leurs enfans... commencent à sentir les aiguillons de la gloire, prenans plaisir d'estre louez, et ayans regret de se sentir blasmez. 284 r. et prenoyent grand plaisir de voir les ieunes hommes s'atacher à poursuiure en iustice ceux qui auoyent forfait. 322 v. et si estoit bien aise et prenoit plaisir d'ouïr ses mignons. 586 r.

rechercher. Pharnabazus recercha de parler auec lui. 395 r.

regarder. Il faut que tu regardes de tenir la promesse que tu as faite. 499 v.

se résoudre; être résolu. ils se resolurent à la fin d'enuoyer... un ambassadeur à Tauromenion. 168 r. Alors à toute peine se resolut-il de s'en aller deuant Syracuse. 349 v. les Lacedæmoniens... se resolurent de secourir promptement les Syracusains. 129 r. ceux d'Athenes estans tous resolus d'y enuoyer du secours,... esleurent Chares pour Capitaine. 489 v.

penser. Pyrrus... pensa de se retirer. 263 r. Timoleon pensa d'afranchir aussi les autres villes. 172 r. il... pensoit de recouurer toutes les terres et seigneuries que son pere auoit tenues. 592 r.

accoutumer. ils estoyent acoustumez de viure à discretion sans obeir à personne. 325 v. pour n'estre pas de longue main acoustumee de seruir. 437 v.

b) nach Adjektiven.

In Betracht kommt hier das Adjektiv **prêt**, das, im Altfranzösischen gewöhnlich mit **de** verbunden, auch im 16. Jahrhundert noch häufig diese Präposition zu sich nimmt.[1]) Amyot verwendet prest de und prest à promiscue. Beispiele für de:

il leur fit entendre qu'il estoit prest de leur rendre leur ville, pourueu qu'ils voulussent deuenir bons alliez... des Lacedæmoniens. 533 r. il cria tout haut à ses amis, qu'il estoit tout prest de tendre la gorge à qui la lui voudroit couper 478 r. Antigonus... escriuit... qu'il estoit prest de

---

[1]) Grosse 26. Procop 73. Wenzel 94. Gräfenberg 97.

quitter tout ce qui lui restoit. 595 r. Cleomenes... leur enuoya faire entendre qu'il estoit prest de leur rendre leur ville. 232 v. ils offroyent leurs corps à leur seigneur, plus prests de souffrir que de faire chose quelconque. 331 v.

2. Der Infinitiv mit »de« steht an Stelle des Subjekts in den »Vies« oft an der Spitze des Satzes, und es weist dann ein ce auf ihn zurück. Hierin stimmt Amyot mit der älteren Sprache (Stimming 216) und den anderen Autoren des 16. Jahrhunderts[1]) überein. Die Verwendung des Infinitivs mit »de« in diesem Falle an Stelle des reinen Infinitivs ist noch im 17. Jahrhundert Regel.

d'apeter gloire de son beau parler, ou, qui pis est, la mendier, c'est acte de cœur trop bas. 576 v. car de tuer ses freres c'estoit une chose coustumaire. 579 v. Or de vouloir exposer particulierement et par le menu, toutes les choses qui furent faites ou qui auindrent alors, ce seroit escrire une histoire entiere et complette. 682 v. Or d'estre bien à cheual et y auoir ferme tenue, ce lui estoit chose fort aisee. 465 v. mais de vouloir par une licence usurpee suprimer les magistrats, ... ce n'est pas, dit-il, chose qu'on deust plus endurer. 529 r. de sauoir bien gouster en quoi gist la beauté de la langue Romaine... ie pense bien que ce soit une belle chose et bien delectable. 551 v.

Dagegen ohne de:

deliberer si nous demourerons fideles ou non à Neron, c'est desia demourer. 683 r. se voir puis apres frustré, il iugea que c'estoit bien signe que Galba auoit mauuaise opinion de lui. 687 v.

3. Auch als Objekt wird der Infinitiv an die Spitze des Satzes gestellt und hat alsdann ebenfalls »de« bei sich.

de calomnier et acuser faussement un autre à vostre apetit, ... ie ne le ferai pas. 555 r. Adonc, ie desire, dit-il à Eurylochus, fauoriser ton amour, toutefois de l'arrester par force, ie ne puis. 449 r. d'aller ainsi errant par païs, et

---

[1]) Grosse 25. Ringenson 71. Wenzel 88, 89. Procop 73. Glauning 340. Darmest. § 200.

remuant si souuent le camp de lieu à autre, combatre une muraille, aller au guet, et estre en armes toutes les nuicts, ils ne le pouuoyent...plus faire. 472 v.

4. Der Infinitiv mit de, welchem ein que vorangeht, und der sich auf ein im Hauptsatze stehendes si oder tant bezieht, wird, wie von mehreren anderen Autoren des 16. Jahrhunderts[1]), auch von Amyot verwandt, in den »Vies« jedoch verhältnismässig selten. Diese Verkürzung des Consecutivsatzes, welche der englischen Construction so (such) ... as to entspricht, ist jetzt ungebräuchlich[2]). (Für das vereinzelte Vorkommen dieser Construction in der modernen Sprache vgl. Lücking § 526, II und Mätzner p. 476.)

ne pouuant croire que les Romains fussent si bas que d'auoir abandonné leur ville. 88 r. s'ils sont si lasches que de les poursuiure ou accepter, ce sera auec leur honte. 56 r. Paulus... le cœur agraué d'un si angoisseux regret, que de voir la desconfiture de ses gens, estoit assis aupres d'une roche. 116 r. si Eumenes n'eust point esté si ambitieux et si opiniastre que de contester à l'encontre d'Antigonus du premier degré d'autorité, ... Antigonus en eust esté bien aise. 390 r. iamais le peuple Romain ne desira tant chose que de voir conduire ce Tigellinus au suplice. 686 r.

5. Der Infinitiv mit de in Vertretung eines Conjunctionalsatzes oder eines präpositionalen Gerundiums zeigt sich, wie sonst im 16. Jahrhundert[3]), auch bei Amyot.

on iugea Tiberius auoir sagement fait, d'auoir voulu mourir plustost qu'une telle femme. 538 r. Alexandre... tensa fort Hephæstion, l'apellant fol et insensé, de ne conoistre pas que qui lui osteroit Alexandre, il ne demoureroit plus rien. 450 v. ie ne pense point faire chose lasche ni de cœur bas de ceder le premier à Pompeius. 413 r. Il me semble, Sire Roy, que tu commences bien tard à bastir, de t'y estre mis à la derniere heure du iour. 362 r.

---

[1]) Glauning 341. Ringenson 75. Wenzel 89.
[2]) Darmest. § 209.
[3]) Glauning 340. Procop 74.

B. Der Infinitiv mit der Präposition à.

Der Infinitiv mit à, welcher im Altfranzösischen ein grosses Gebiet beherrschte, erlitt in der Folgezeit, besonders aber im 15. und 16. Jahrhundert, bedeutende Einschränkungen, so dass sich seine Anwendung im 16. Jahrhundert im Grossen und Ganzen auf das Gebiet erstreckt, das er noch jetzt inne hat. Für unseren Autor ist im Einzelnen zu merken:

1) Der Infinitiv mit à wird von Amyot nach einigen Verben gesetzt, welche heute den Infinitiv mit de (bez. den reinen Infinitiv) verlangen. Solche Verben sind:

avertir. c'est un admonnestement pour auertir les nouuelles mariees à penser de faire leur besongne. 16 v.

entendre = beabsichtigen.

vindrent un iour en dessoude courir sus à Cæsar, ainsi comme il se logeoit, et qu'il entendoit à faire fortifier son camp. 466 v.

désirer. les Grecs... desirerent singulierement à voir Titus. 241 v.

faire. le lendemain se delibera de partir, faisant à croire qu'il lui estoit venu nouuelles de quelques afaires qui le pressoyent. 589 v.

fuir. (»fuir à, avec un infinitif, éviter de, locution qui a vieilli.« Littré).

Pompeius fuyoit le plus qu'il pouuoit à plaider pour autrui. 413 r. car il ne faut pas que la mort qu'on se donne volontairement soit pour fuir à faire des actes laborieux. 535 r.

ne pas laisser. mais pour cela la commune ne laissa point à estre aussi aspre et aussi aigre à receuoir toutes sortes de calomnies et de delations, comme au parauant. 128 r. il les pria... qu'ils ne laissassent point à executer leur entreprise pour le regard d'un homme inutile. 536 v. Nos predecesseurs perdirent ... plusieurs armees et Capitaines generaux en Italie, pour la perte desquels ils n'ont pas laissé depuis à venir au dessus de ceux qui les auoyent auparauant desfaits. 366 v. Dagegen mit de: mais pour cela il ne laissa pas de faire voile. 362 r.

omettre. Agis ayant, par despit, omis à faire le sacrifice acoustumé d'estre fait à l'issue d'une guerre, il fut... 29 r. ils omettoyent à dire ce qui estoit en lui le plus beau. 109 v.

oublier. il oublia... à donner aux Grecs le mot de bataille. 211 v. il lui auint d'oublier à inhumer deux de ses gens qui y estoyent morts. 345 v. cependant ils oublient à dire les grandes et merueilleuses louanges qu'il lui donne ailleurs. 568 r.

se proposer. il y auoit en sa compagnie un nommé Statyllius..., qui s'estoit proposé à imiter la constance inflexible de Caton. 516 v.

refuser. refusez vous à ouïr un personnage qui a le langage si bien doré? 558 v. comment peut-on refuser à croire que... 39 v. considerant que de refuser à le faire, il n'y auroit point de propos, il... 58 r. sachant bien que le peuple lui en voudroit mal de mort, quand puis apres il refuseroit à iurer. 274 v.

requérir. cest estat de marchandise... requiert aussi en recompense faire quelquesfois bonne chere, et à se traiter delicieusement. 50 r.

différer. ils diferoyent tousiours à donner la bataille. 272 v.

Von diesen Verben haben ne pas laisser, oublier und refuser auch den Infinitiv mit de, requérir den reinen Infinitiv und désirer ebenfalls den reinen Infinitiv (neben de, das auch heute noch vorkommt) nach sich.

Anm. Die Verben commencer, continuer, contraindre, convier, essayer und tâcher, nach denen im Neufranzösischen sowohl de als à gesetzt wird, zeigen auch in den »Vies« beide Präpositionen, ohne dass sich eine Regel aufstellen liesse für die Verwendung derselben in einzelnen Fällen. Bei commencer überwiegt à, bei contraindre wird bei activem Verb ziemlich gleichmässig de und à, bei passivem meist de gesetzt.

2) Der Infinitiv mit à folgt einige Male, abweichend vom Neufranzösischen, auf die unpersönlich gebrauchten Adjektive **facile** und **malaisé**.

il est facile à voir que les dieux n'auoyent point pour agreable ceste adoption. 687 v. il seroit malaisé à discerner lequel estoit plus voluptueux. 690 v. Or qu'elles soyent venues par terre de si lointain païs,... il est bien malaisé à croire. 8 v.

Gewöhnlich steht jedoch in solchen Fällen der Infinitiv mit **de**.

Wie Amyot **prest de** im Sinne des jetzigen **prêt à** gebraucht (vgl. unter IV A1b), so verwendet er andererseits oft **prest à** da, wo man jetzt das Adverb **près de** setzen würde. So in folgenden Sätzen:

les premiers... estoyent ia tous prests à se saisir de la muraille. 89 v. comme il fust prest à entrer dedans son logis..., il... 98 v. .

[In demselben Sinne zeigt sich auch **prest de**, z. B. ains estoyent tous prests de se tourner en fuite. 114 v. si tost qu'il sentist qu'elle fut preste d'acoucher, il enuoya... 25 v. und **pres de**: Estant sa litiere en ce trouble,... poussee tantost ça, tantost là, et bien souuent pres d'estre renuersee, on aperceut... 688 v.].

3) Der Infinitiv mit à findet sich in den »Vies« mehrfach verwandt **im Sinne des präpositionalen Gerundiums**. Die jetzige Sprache kennt diesen Gebrauch des Infinitivs mit à ebenfalls, er zeigt sich hier jedoch seltener.

Mais monstre nous, dit-il, ton eloquence à blasmer les Macedoniens. 453 r. ayant le pere de Solon... diminué ses biens à donner et faire actes semblables de liberalité: lui... 49 v. il ne peut neantmoins prendre Darius, pource qu'il gagna le deuant à fuir d'enuiron un quart de lieuë seulement. 441 r. (Vgl. A causer avec lui, à le voir jouer et rire, j'avais presque oublié sa mère. Adolphe Belot, Bon ami. p. 87).

4) Dem bei Commines belegten valoir mit dem Infinitiv mit à (Stimming p. 217) entsprechend ist das in den »Vies« recht häufig auftretende valoir autant mit dem Infinitiv mit à construiert.

Autochthones, qui vaut autant à dire comme, nez de la terre mesme. 1 v. les paroles... Acoueté Leos, qui valent autant à dire comme, Or oyez peuple. 4 r. Asphalius et Gæiochus, qui valent autant à dire comme... 11 r. Populus, qui vaut autant à dire comme, peuple. 15 v. Senatus qui vaut autant à dire proprement, comme qui diroit le conseil des anciens. 15 v. Patrocinium, qui vaut autant à dire comme patronnage ou protection. 15 v.

5) faire wird ausser in dem oben (unter 1) erwähnten Falle faire à croire in den »Vies« auch sonst mit à und dem Infinitiv verbunden. So in persönlicher Construction in dem Satze la cité... qui fut veincue, ne fait pas moins à louer et estimer pour sa vertu, que celle qui la veinquit. 401 r. Für den unpersönlichen Gebrauch von faire in Verbindung mit à und dem Infinitiv vgl. die Beispiele unter A1.

C. Der Infinitiv nach anderen Präpositionen als de und à.

I. pour.

1) Der Infinitiv mit pour steht in den »Vies« an Stelle des Infinitivs mit à häufig nach den Adjektiven propre und prêt, von denen prêt auch noch jetzt gelegentlich mit pour und dem Infinitiv construirt wird[1]), sowie nach être destiné.

incontinent qu'il vid le temps propre pour faire voile, il fit... redcualer ses vaisseaux en mer. 323 v. lui ne se sentant pas propre pour lui faire teste par semblables moyens, s'alloit coulant en la bonne grace de la commune par liberalitez. 344 r. Voici le poinct de l'ocasion propre pour te sauuer. 404 v. quand son armee fut preste pour donner l'assaut, il... 258 v. Si fut bien à Eumenes fait en sage et vigilant Capitaine,... d'auoir tenu son armee en bon equipage toute preste pour

---
[1]) Acad. s. v.

se defendre de lui (scil. Craterus). 384 r. ils en auoyent une autre (scil. ville) entiere toute preste pour les recueillir 91 r. la teste d'homme toute fresche, qui fut trouuee dedans terre en faisant les fondemens du Capitole, comme au lieu qui fatalement estoit destiné pour estre une fois le chef de toute l'Italie. 91 r.

2) Der Infinitiv mit pour als Vertreter eines causalen Nebensatzes ist auch noch heute üblich; Bedingung für seine Anwendung ist jedoch 1), dass der auf pour folgende Infinitiv ein Inf. Perf. sei, und 2), dass das Subjekt des Haupt- und des Nebensatzes identisch seien. Von diesen Forderungen wird in der jetzigen Sprache nur selten und in Bezug auf die zweite Bestimmung nur dann abgewichen, wenn eine Unklarheit nicht zu befürchten ist[1]). Die folgenden Sätze mögen die freiere Verwendung des Infinitivs mit pour bei Amyot zeigen, der hierin ganz auf dem Standpunkte seiner Zeit steht.

a) Der Infinitiv des Praesens mit pour im Causalsatz.

le peuple estoit encore fier et haut à la main, pour se sentir deschargé de ses dettes. 55 v. O dieux! quel cheual ils rebutent pour ne sauoir à faute d'adresse et de hardiesse s'en seruir. 436 r. il y laissa la vie pour ne se vouloir point changer. 554 v. le Lacedæmonien adonc pria ceux qui estoyent aupres de lui, qu'ils lui monstrassent celui qui auoit esté condamné pour viure noblement. 34 v.

b) Der Infinitiv mit pour im gekürzten Causalsatze, dessen Subjekt ein anderes als das des Hauptsatzes ist.

les Atheniens depuis condamnerent ledit Timagoras à mourir, pour auoir pris argent du Roi de Perse. 630 r. une mesme vie et une mesme mort nous est à tous deux pre- destinee pour auoir procuré l'utilité du peuple. 544 v. il ne faloit point estimer... que la calamité qui leur estoit auenue pour n'auoir pas suiui bon conseil, fust œuure de ceux qui... 88 v.

3) Auch ein Finalsatz kann im Neufranzösischen durch den Infinitiv mit pour gekürzt werden, doch müssen auch

---

[1]) Plattner § 267 Anm. Vgl. auch die Beispiele bei Lücking § 478.

hier Subjekt des Haupt- und Nebensatzes identisch sein. In den »Vies« kommt die Verkürzung des Nebensatzes in den Infinitiv mit pour auch bei verschiedenem Subjekt vor. la iustice diuine ... le conduisit en Macedoine pour y estre puni de mort. 560 r. disant qu'il estoit bien heureux d'auoir eu en sa vie un loyal ami, et apres sa mort un excellent heraut pour dignement chanter ses louanges. 439 r. comme on l'apellast par son nom à la tribune aux harangues, pour parler comme il auoit fait les iours passez, il... 558 r. quelque temps apres, le Roy d'Egypte ayant enuoyé au peuple d'Athenes, en don, quarante mille mines de bled, pour estre distribué entre les bourgeois de la ville, plusieurs... 109 r. la punition de celui qui respondoit mal à propos, estoit, que le maistre lui mordoit le pouce, et le faisoit le plus souuent en presence des vieillards et des magistrats de la ville, pour voir s'il les punissoit auec raison, et ainsi qu'il apartenoit. 32 v.

Das Subjekt des Infinitivs muss bisweilen aus dem Zusammenhange ergänzt werden:

Voila comment Dion le raconte: mais Ctesias, pour estreindre en peu de paroles ce qu'il estend bien au long, dit que... 626 r. (= damit ich mich dabei so kurz wie möglich fasse). So auch in dem Satze: la Lune... rendoit encore assez de clarté pour voir les corps des hommes. 416 v.

4) Der Infinitiv mit pour tritt für einen concessiven Nebensatz ein, was ja auch noch jetzt vorkommt.

Bibulus... voyant que pour faire toute la resistance qu'il pouuoit à ces loix, il ne gagnoit rien..., il se tint renfermé dedans sa maison 464 v.

5) Bisweilen hat der Infinitiv mit pour ein eigenes Subjekt bei sich, sodass die Construction des Accusativs mit dem Infinitiv entsteht. Dieser Brauch ist im Neufranzösischen selten, findet sich aber im Altfranzösischen häufiger[1]) und auch mehrfach im 16. Jahrhundert[2]).

---
[1]) Tobler 74, 75.
[2]) Glanning 33⁸. Ringenson 81. Vogels 53².

la plus part aprouue une autre deriuation de ce nom, où il y a, ce me semble, moins de raison, comme s'ils eussent esté apellez Pontifices, pour leur auoir esté commise la charge d'entretenir le pont. 41 v. on trouua que le danger auoit esté fort grand pour s'estre tant de nations sousleuees tout à un coup. 467 r. (vgl. une fille requiert plus de temps pour estre parfaicte dans le ventre de la mere, que ne fait un fils, pour estre la fille plus debile et froide. Bouchet, Les Serees. 1608. 22ᵉ serée.)

6) être pour mit Infinitiv, vgl. C. 3.

II. sans.

Der auf sans folgende Infinitiv bezieht sich einige Male nicht auf das Subjekt des Hauptsatzes.

Ciceron auoit mal et iniustement contre les loix fait mourir Lentulus, Cethegus et les autres, sans auoir esté premierement conueincus et condamnez en iugement. 570 r. ses amis mesmes... disent que ceste parole lui eschapa sans y penser. 421 r. — Toutesfois la chose ne passa pas sans combattre. 133 r. il sembloit qu'elles (scil. les armes des Macedoniens) eussent esté iettees pesle mesle à monceaux, sans autrement prendre garde à les disposer. 162 r.

III. avant que; devant que; premier que.

avant erscheint in den »Vies« vor einem Infinitiv in den Formen avant que und avant que de. Die ebenfalls im 16. Jahrhundert üblichen Constructionen avant + inf. und avant de + inf. scheinen in den »Vies« nicht vorzukommen.

Sylla mourut auant que le pouuoir dedier. 65 v. aussi fut-il contraint de rompre son voyage auant qu'auoir executé son entreprise. 185 r. elisant cent hommes de chasque lignee, dont il y en auoit quatre pour consulter et debatre les matieres auant que les proposer au peuple. 55 v. So sehr häufig, z. B. 65 v. 66 r. 86 v. 441 v. 446 r. 455 v. 457 v. 466 r. 480 v. 565 v. 628 r. — Publicola permet de le tuer, auant que de le mettre en iustice. 69 r. auant que d'entrer il se retourna deuers le Capitole. 94 v. nous tenons

pour bien heureux ceux qui sont morts auant que de voir les Macedoniens fouëttez de verges Medoises. 452 r.
Gleichbedeutend mit avant que (de) sind devant que (de) und premier que gebraucht.
ceux qui tiennent que ce fut Demosthenes mesme qui les fit en l'isle de Calauria deuant que prendre la poison, s'abusent grandement. 560 r. elle toute esperdue, deuant que prendre les lettres lui demanda si Antonius faisoit bonne chere. 600 r. il se mirent tous à fuir deuant que se pouuoir atacher à combatre main à main. 608 r. son frere et lui estans estimez serfs, et reputez enfans de porchers, deuant que d'estre eux-mesmes afranchis, afranchirent... presque tous les Latins. 23 v. il n'estoit pas loisible de manger deuant que de venir es salles publiques à part en sa maison. 28 v.
Peu de iours apres Antigonus arriua deuant la place, et premier que l'assieger, lui manda que... 386 r. premier que faire voile, il donna congé de s'en aller ou de demourer à tous ceux qui... 513 v. Ainsi les Consuls mesmes auant que faire les sacrifices ordinaires qu'ils ont acoustumé de faire premier que sortir de la ville, s'enfuirent. 471 r.
|premier que existiert noch jetzt mundartlich: On dit encore en Normandie, et ailleurs sans doute, ... premier que (avant que). Blignières p. 388 Note 3.]

IV. par.

Der Infinitiv mit par steht im Neufranzösischen nur noch nach den Begriffen des Beginnens und Endigens. In der älteren Sprache wurde er jedoch noch in weiterem Umfange verwendet. So steht er in den »Vies«, wie auch sonst oft im 16. Jahrhundert[1]), häufig zum Ausdrucke des Mittels.
il mina et consuma Mithridates par reculer et dilayer... et au contraire il ruina Tigranes par se haster. 335 r. ic trouue celle maniere de vouloir corriger et redresser l'un par desuoyer et desbaucher l'autre, inciuile et inhumaine. 578 v. adressant leurs corps, et les endurcissant à la peine par les remuer souuent de lieu à autre. 383 v. Pericles l'enferma...,

---

[1]). Gräfenberg 98.

aimant mieux emporter la victoire et prendre la ville par longueur de temps et auec despense, que par exposer ses citoyens au danger d'estre tuez. 105 v. — Das Subjekt des Infinitivs ist ein anderes als das des Hauptsatzes: sa gloire et son autorité s'alloit petit à petit aneantissant et amortissant par trop demourer en paix sans rien faire. 275 v. (= dadurch dass er, Marius, zu lange...).

Anm. zum Infinitiv. Es sei hier einer schon aus Commines[1]) bekannten Eigentümlichkeit im Gebrauche von cuider gedacht. Wie bei jenem Autor, so findet sich auch bei Amyot, und zwar durchaus nicht selten, dieses Verb vor einem Infinitiv pleonastisch eingeschoben. So in folgenden Sätzen:

Aegeus, apres auoir essayé toutes sortes de prieres... pour le cuider diuertir de ce propos,... tira au sort les autres enfans... 5 r. il r'entra dedans sa nauire pour la cuider defendre contre la tourmente. 6 r. Marcus Valerius l' (= la nouuelle) auoit controuuee pour le cuider debouter de ceste dedication. 65 v. Catulus... estima qu'il ne faloit point qu'il s'amusast à garder les pas des montagnes pour cuider empescher les Barbares de passer. 272 r. les uns furent occis aupres de leurs vaisseaux, ainsi comme ils y acoururent... pour les cuider secourir. 287 v. Si se mit Agesilaus incontinent aux champs pour les cuider aller secourir ou venger. 398 v. voyant qu'il perdoit sa peine de cuider diuertir le peuple de ceste volonté, il s'en deporta, Roscius se presenta apres pour cuider aussi parler, mais il ne peut onques auoir audience. 414 r. les autres se rangerent ensemble auec leurs armes, pour cuider faire teste à l'ennemi. 532 v. il ne faloit point enuoyer de messagers pour cuider par belles paroles gagner le senat. 548 v. ie ne sai s'il a dit en cela verité, ou s'il l'a controuué pour le cuider iniurier. 552 r. saisissans leurs iauelots à belles mains pour les leur cuider arracher des poings. 94 v. si d'auanture il a

---

[1]) Stimming 210.

failli en se precipitant par trop, pour cuider chasser les ennemis, il n'est pas maintenant temps de l'en acuser. 114 v. il partit de son logis pour cuider aller faire honeur aux funerailles du defunct. 480 v. Pharnabazus y vint pour lui cuider faire leuer le siege. 132 r. Lucullus s'abaissa si fort enuers eux, pour les cuider fleschir, qu'il... 338 r.

H. a. Das Participium des Präsens.

1) Das lateinische Particip auf -antem (-entem) und das Gerundium auf -ando (-endo) ergaben im Französischen beide eine Form auf -ant. Die aus dem Gerundium hervorgegangene Form übernahm nun schon früh viele der dem eigentlichen Particip zukommenden Functionen, sodass schliesslich der aus dem lateinischen Participium Praesentis entstandenen Form auf -ant nur adjektivische Functionen verblieben. Bei letzterer Form sind nun zwei Unterabteilungen zu unterscheiden: die eine, das »adjectif verbal«, ist nur Adjektiv, die andere zeigt noch einen schwachen Rest verbaler Kraft. Letztere Form bleibt in den ältesten Texten meist unflectiert, aber allmählich und namentlich häufig seit dem 14. Jahrhundert tritt hier Flexion auf. Diese flectierten Formen nun griffen über auf die aus dem Gerundium hervorgegangene Form auf -ant, welche bis dahin ihren verbalen Character bewahrt hatte und demgemäss im Altfranzösischen keine Flexion zeigte. So wird denn nun auch diese Form, das participiale Gerundium, mit dem Plural -s, bisweilen auch mit dem Feminin -e versehen. Bis zu welchem Grade schliesslich das Bewusstsein von der Abstammung des participialen Gerundiums geschwunden war, zeigt der Umstand, dass hin und wieder sogar das präpositionale Gerundium Flexion aufweist. Der herrschenden Verwirrung suchten nun freilich schon einzelne Grammatiker des 16. Jahrhunderts abzuhelfen; endgültig beseitigt wurde sie indessen erst im

17. Jahrhundert durch den bekannten Beschluss der Académie (1679): »la règle est faite, on ne déclinera plus les participes présents.«

Amyot nun steht hinsichtlich der Behandlung des participialen Gerundiums völlig auf dem Standpunkte seines Jahrhunderts. Das Gerundium hat in den »Vies« in äusserst zahlreichen Fällen das Plural -s angenommen, wohingegen ein unverändertes Gerundium eine Seltenheit ist. Von den vielen veränderten Gerundien seien hier einige angeführt.

ce qu'en t e n d a n s les autres, qui estoyent à la troupe de Pallas, se desbanderent aussi tost. 4 r. Les assistans p r e n a n s ceste cheute à mauuais presage s'en troublerent. 83 r. Aristote... dit qu'ils vieillissoyent en Candie, g a i g n a n s leurs vies à seruir pauurement. 4 v. Quoi v o y a n s ceux d'Athenes, recoururent à l'oracle d'Apollo. 4 v. les Candiots s'a q u i t a n s d'un veu qu'ils auoyent long temps auparauant voüé, enuoyerent... 4 v. les Trœzeniens ont ce dieu en grande reuerence, et l'adorent comme patron et protecteur de leur ville, lui f a i s a n s ofrandes de leurs premiers fruits. 2 v. les Dames de la ville ocupoyent la siene (scil. maison), y f a i s a n s en secret une feste. 566 v. les historiens de Megare c o n t r e d i s a n s à la publique renommee, et v o u l a n s ...combatre la prescription du long temps, maintiennent que... 3 v. les Sabines... acoururent..., se i e t t a n s à trauers les armes. 18 r. les unes p o r t a n s leurs petis enfans de mammelle entre leurs bras, les autres descheuelees, et toutes a p e l l a n s ores les Sabins, et ores les Romains. 18 v. les Atheniens jusques aujourd'hui sacrifient un mouton..., h o n o r a n s ... la memoire de ce gouuerneur. 2 r. les Pallantides... alors ne p o u u a n s plus suporter, que... 4 r. Les ambassadeurs se c o n f i a n s en cela, s'en retournerent à Rome. 299 v. quoi e n t e n d a n s les autres Volsques, ... ne se peurent plus contenir. 145 v. Quoi v o y a n s les autres, le suiuirent en pareille asseurance. 168 v. tous deux d i s a n s estre venus afranchir la Sicile. ib. ne p o u u a n s croire que ce Corinthien deust estre meilleur que les autres, ains pensans que ce fussent les mesmes ruses... ib. les uns et les autres se hastans pour y arriuer les premiers, ils... ib. ne faisans que d'arriuer. ib. les Adranitains ouurans leurs portes se rendirent à Timoleon, lui racontans... comme... les portes du temple de leur dieu s'estoyent ouuertes d'elles mesmes. ib. Pompeius et ses adherans voyans qu'il estoit impossible de le forcer, ... alloyent espians les moyens de... 502 v. seruans à un, ils profitent à tous. (In der Widmung an Heinrich II.). car ayans esté tous deux engendrez à la desrobee... ils... 1 v. s'estans diuisez en deux troupes, les uns vindrent tout ouuertement en armés. 4 r. les Adranitains... ayans leur petite ville dediee... au dieu Adranus, ... estoyent... 168 v. Estans donc venus à Athenes les Ambassadeurs des Egestains..., Nicias fut... 348 r. Estans donques ia les cœurs des Romains efroyez de ce son-là, les Parthes... 364 v. estans les gens de cheual... atirez à la poursuite, ceux de pied ne voulurent pas... 365 v. ayans esté deux religieuses Vestales corrompues, l'une .. 117 r. les parens et amis des Tribuns, ayans auisé entre eux qu'il seroit impossible d'emmener Martius..., leur remonstrerent... 142 v.

Nicht flectiert erscheint das Gerundium in nur wenigen Fällen, so z. B. in folgenden Sätzen:

ils se prirent à batre des mains et à mener un grand bruit de ioye, lui criant tout haut qu'il le baisast. 457 r. ce que preuoyant plusieurs gens de bien et d'honeur, solliciterent Ciceron de demander le Consulat. 564 r. — In einem und demselben Satze einmal flectiert und einmal unflectiert: et eux aussi ne s'en allerent point, ains demourerent deux iours et deux nuicts deuant sa porte en tel estat se plaignans à lui, et l'apellant leur souuerain et leur Roy. 458 r.

Dass das Gerundium hinsichtlich des Genus verändert wird, geschieht ungleich seltener. Beispiele für das Gerundium mit dem Feminin -e sind:

ces filles de Scedasus plorantes à lentour de leurs sepultures, et maudissantes les Lacedæmoniens. 185 r. lesquelles aprochantes de la ville, firent crier... que... 349 r. Tel fut le sommaire de la harangue genereuse, et procedante d'une vraye et non feinte magnanimité. 163 v. il les faut plustost estimer defauts et imperfections de vertu non du tout acomplie, que meschancetez expresses procedantes de vice formé, ni de certaine malice. 314 r.

Einmal ist sogar das auf einen Singular sich beziehende Gerundium mit einem s versehen worden:

Mais ayans pris d'assaut la ville de Boles..., il (= Coriolanus) y gagna une infinie quantité de butin, et fit mettre à l'espee tous les hommes qui... 145 v.

Auch zeigt sich zweimal das präpositionale Gerundium verändert.

ils commencerent à crier et à mener un grand bruit, en s'entr'acusans les uns les autres. 495 r. ils furent contrains d'accepter de treshonteuses conditions de paix, en se rendans suiets aux veinqueurs, et promettans faire tout ce qu'ils leur commanderoyent. 149 r.

2) Stellvertretung von Nebensätzen durch das participiale Gerundium ist auch im Neufranzösischen gestattet. Jedoch ist hier das Gerundium fast nur in dem Falle zulässig, wenn Subjekt des Haupt- und Nebensatzes identisch sind.[1]) Das 16. Jahrhundert setzte noch häufig das Gerundium bei verschiedenem Subjekt. Dieser Brauch findet sich auch bei Amyot, wie die folgenden Sätze zeigen.

puis le ietterent ainsi tout nud au fond d'une fosse profonde, ayant le sens tout troublé. 268 v. Mais estant de sa nature liberal, et aimant à donner, ceste volonté lui creut encore dauantage à mesure que ses afaires allerent prosperant. 448 r. s'estant bien porté en son Consulat, lui firent au bout decerner de grosses armees. 361 r. estant arriué sur les lieux, les afaires du commencement lui succederent selon son esperance. 362 r.

Das Subjekt des Gerundiums hat im Hauptsatze kein Beziehungswort, sondern ist aus dem Zusammenhange zu ergänzen:

---

[1]) Lücking § 362.

Estant donc ia paruenu (Coriolan ist gemeint) à grande autorité et grande reputation à Rome par sa vertu, il auint que le Senat soustenant les riches entra en grande dissension auec le menu peuple. 137 v.

Aehnlich beim präpositionalen Gerundium:
il resolut de... leur faire gouster la vie iuste et innocente, en demourant es villes, et labourant la terre. 415 r. — les bestes mesmes... s'adoucissent bien et despouillent leur fierté naturelle, en les acoustumant peu à peu à une vie plus douce (wenn man sie...). 415 r.

3) Der absolute Gebrauch des participialen Gerundiums unpersönlicher Verben, welcher jetzt veraltet ist, im 16. und 17. Jahrhundert aber nicht selten war, zeigt sich auch in den »Vies«:

ayant semblé aux iuges que ce n'estoit qu'auarice qui lui faisoit faire, il fut absous à pur et à plein de l'inceste dont il estoit mescreu. 356 r. comme il fust prest à entrer dedans son logis, estant desia nuict toute noire, il commanda à l'un de ses seruiteurs qu'il prist une torche. 98 v.

4) Für die Umschreibungen être + Particip. Praes. und aller + Gerundium cf. C.

5) Das substantivierte Particip. Praes. findet sich häufig in den »Vies«, wie es ja überhaupt im 16. und 17. Jahrhundert von ausgedehnterem Gebrauche war als jetzt.

il deuint un des mieux disans qui fust à Rome de son temps. 356 v. et si auoit tousiours en leurs chansons ne sçai quel aiguillon qui excitoit les courages des escoutans. 33 r. il est besoin que les lisans m'excusent gracieusement. 1 v. quand les Romains... poursuyuroyent les reculans en arriere. 116 r. les amis de Hannibal lui conseilloyent qu'il suiuist sa fortune, et qu'il entreroit pesle mesle quand et les fuyans dedans la ville de Rome. 116 v. Rome tout aussi tost reietta le demourant de son esperance sur lui. 116 v. le demourant tout à lentour n'estoit que hauts rochers. 359 r. au moins en perdit-il la principauté qu'elle auoit sur le demourant de la Grece. 432 v.

6) Was das präpositionale Gerundium betrifft, so ist zu bemerken, dass es bei Amyot ebenso wie bei anderen Autoren des 16. Jahrhunderts[1] gegen das präpositionslose zurücktritt. So würde die moderne Sprache das präpositionale Gerundium vorziehen in folgenden Sätzen:
il auoit receu d'elle des lettres d'amour... et les auoit leuës **seant** en son siege imperial. 614 r. Mais Caton... lui seruit beaucoup et à toute la chose publique, **s'oposant** à leurs menees, auec pareille puissance que la leur. 567 v. le poëte Euripides **apellant** Hippolytus disciple du sainct Pitheus, donne assez à entendre en quelle reputation il estoit tenu. 1 v. il pressa si fort ses gens, **leur faisant** tenir les champs au cœur d'hiuer..., qu'il en perdit sur le chemin bien huit mille. 612 r. Ainsi comme il disoit ces paroles, son fils sortit de la chambre **plorant**. 517 r. (Gleich darauf: Demetrius sans lui respondre sortit **en plorant** de la chambre. ib.). Quant à ce qu'ils fausserent leur foi et violerent leur serment, l'un **arrestant** Artabazus prisonnier, et l'autre **en tuant** Alexander, Antonius sans point de doute auoit... 622 v.

H. b. Das Participium des Perfekts.

1. **Das Particip des Perfekts mit dem Hülfsverb avoir.**

a) In Bezug auf die Congruenz des Participe passé mit dem ihm vorangehenden direkten Objekt herrschte im Altfranzösischen grosse Willkür. Auch die Grammatiker des 16. Jahrhunderts sind noch sehr verschiedener Ansicht über diesen Punkt. Bekannt ist die Vorschrift Palsgraves: »Yf the tenses of je ay have a relatyve before them or governe an accusatyve case eyther of a pronowne or substantyve, the participle for the most parte shall agree with the said accusative cases in gendre and nombre«[2], bekannt auch

---
[1] Vogels 551. Ringenson 91. Saenger 44.
[2] p. 137 des Neudrucks von Génin. Paris 1852.

Marots Epigramm an seine Schüler[1], in welchem er Congruenz mit dem vorangehenden direkten Objekt fordert; jedoch waren diese Regeln im 16. Jahrhundert noch weit entfernt von strenger Berücksichtigung seitens der Schriftsteller. Während z. B. Marot[2], Calvin[3] und Montaigne[4] das Participe passé in den meisten Fällen mit dem vorangehenden direkten Objekt congruieren lassen, zeigt sich bei Anderen ein beträchtliches Schwanken zwischen Congruenz und Nichtcongruenz. So zeigen sich zahlreiche Fälle der Nichtcongruenz bei Garnier[5] und Monluc[6], und bei Rabelais »besteht zwischen den Fällen der Congruenz und denen der Incongruenz ein gleiches Verhältnis«[7]. Amyot nun steht in Bezug auf die Consequenz, mit welcher er die Übereinstimmung des Participe passé mit dem vorangehenden direkten Objekte durchführt, bereits auf dem Boden des Neufranzösischen. Abweichungen von den heute geltenden Regeln finden sich selten; aus den »Vies« sind folgende verzeichnet:

on le peut euidemment monstrer par les mots aguz que quelques uns d'entre eux ont autrefois respondu. 33 r. si tu as cœur de te ressentir iamais des dommages que t'ont fait tes amis, sers toi maintenant... de mes calamitez. 144 r. quand... il eut... l'entendement plus à deliure pour penser de pres aux mauuais raports qu'on lui en auoit fait, alors il... 419 v. Alexandre, ne pouuant plus tenir sa cholere, prit une pomme de celles qu'on auoit serui à sa table, et la lui ietta à la teste. 452 r. il dit..., que pour aucunes charges qu'on lui auoit mis sus, il auoit esté enuoyé de la mer iusques là, où... 458 v. Or s'il eust esté possible d'exterminer de Sparte sans meurtres ces pestes de la chose publique qu'on y a aporté de dehors... il se fust estimé le plus heureux Roy qui eust onques esté. 529 r. ayant eu au commencement les mesmes defauts de nature,

---
[1] Darmest. p. 171.
[2] Glauning, synt. Studien zu Marot. p. 28, 29.
[3] Grosse p. 29, 30.
[4] Glauning p. 344.
[5] Procop p. 82 ff.
[6] Ringenson p. 94, 95.
[7] Saenger p. 46.

quant au geste et à la prononciation, qu'auoit eu Demosthenes, pour les emender, il estudia... 562 v. il escrit luimesme en ses Commentaires, qu'il s'estoit retiré deuant que la charge fust commencee, pour une vision qu'auoit eu en songe l'un de ses familiers. 603 r. — on vid que de... tant d'autorité qu'il auoit euë, ... et brief d'une si grande et si puissante royauté... qu'il auoit eu entre mains, iamais il n'en auoit agrandi ni augmenté sa maison d'une seule maille. 294 v. Bemerkenswert ist, dass in diesen Sätzen der Accord unterblieben ist nach dem relativen que.

b) Folgt das Objekt dem Particip, so ist bei Amyot wie im 16. Jahrhundert im Allgemeinen Nichtcongruenz die Regel. An Ausnahmen zeigen sich:

Ils meritoyent, dit-il, bien la mort, d'auoir esteinte une tyrannie. 33 r. sous laquelle il auoit esté nourri enfant orphelin de son pere, et auoit mise toute son afection entierement en elle. 379 v. ceux qui auoyent autrefois tenus lieux honorables aupres de Tigellinus et de Nymphidius. 688 r. In diesen Fällen folgt das Objekt dem Particip unmittelbar.

c) Wenn dem Part. perf. ein Infinitiv folgt, so lässt die moderne Sprache das Particip mit dem vorangehenden direkten Objekte nur dann übereinstimmen, wenn das letztere als vom Particip abhängig gedacht wird.[1]) Als von dem neueren Sprachgebrauche abweichend seien hier folgende Sätze angeführt:

c'estoit chose qu'ils n'auoyent gueres iamais auparauant veu auenir. 333 r. il les auoit veu faire tresbien leur deuoir au iour de la bataille. 442 v. ses soudards, pour la dissolue licence, en laquelle on les auoit laissé viure par le passé, se faschoyent de... 155 v.

Ebenso sind die Participien ouï und soufert in den folgenden Sätzen unverändert gebraucht, während jetzt deren Synonyma entendu und laissé in den anzuführenden Beispielen zu verändern sein würden.

---

[1]) Diez III, 294. Tobler p. 170. Lücking § 347, 3.

on les a ouï souspirer. 83 v. combien que parauant tout le monde nous eust ouï dire, que... 534 v. elle auec deux de ses femmes seulement qu'elle auoit soufert entrer auec elle dedans ces sepulchres, le tira amont. 619 r.

Anm. Congruenz des Participe passé mit dem indirekten Objekt, für welche Ringenson aus Monluc Ilz nous avoient attrapés et couppés la gorge à tous [1]) und Vogels ein von Stimming (Herr. Arch. 48, p. 288) aus F. Villon citiertes Beispiel anführen, ist in den »Vies« nicht nachzuweisen.

2. Das Particip des Perfekts mit dem Hülfsverb être.

a) Das mit être verbundene Particip nichtreflexiver Verben ist in den »Vies« nach seinem Subjekte flectiert, und zwar bei der Stellung Subjekt + Particip immer, bei der Stellung Particip + Subjekt mit einigen Ausnahmen. Der Beispiele für die Flexion des Particips, wenn dieses dem Subjekte folgt, bedarf es nicht; für die Flexion bei der Stellung Particip und Subjekt seien angeführt :

où... lui fut respondue ceste prophetie tant renommee. 2 r. dont est venue la coustume que... 16 v. de là est demouree la coustume qu'on... ib. à son fils Lysimachus furent donnees cent mines d'argent. 216 r. Si furent là ratifiees les ordonnances. 421 r. lui ayans esté aportees quelques responses touchant Hephæstion... il laissa son dueil. 459 r. — Auffallend ist der folgende Satz, in welchem das Particip zwar hinsichtlich des Numerus, nicht aber des Genus verändert ist:

des eschelles de cordes, si roides et si longues, qu'estans atachez en haut elles touchoyent iusques au bas de la pleine. 359 r.

Folgt auf das Particip ein Infinitiv, so lässt Amyot das Particip sich ebenfalls nach seinem Subjekte richten. Als Ausnahme ist verzeichnet:

ç'auoyent esté ses ennemis, qui l'estoyent allé surprendre en trahison. 60 r.

---

[1]) p. 96.

|Hier ist später Vaugelas für Nichtcongruenz, indem er sagt[1]): »il faut dire par exemple, mes freres sont allé visiter ma mere, et non pas sont allez visiter.« Th. Corneille entscheidet sich in seiner Note zu dieser Bemerkung Vaugelas' für die Congruenz: il est indispensable de dire, ma sœur est allee visiter ma mere, mes freres sont allez demander justice au Roi. Il en est de mesme du verbe venir, elle est venue me trouver, ils sont venus m'avertir.«[2]). Die Académie kehrte zunächst wieder zu der Ansicht Vaugelas' zurück: »il faut dire, Ils sont allé sçavoir si, etc. Elle est venu demander, etc., et non pas ils sont allez sçavoir, elle est venuë demander.«[3])|

b) In Bezug auf die Veränderlichkeit der Participien reflexiver Verben stimmt Amyot mit dem modernen Sprachgebrauch überein.

Die Participien laissé und fait, auf welche ein Infinitiv folgt, zeigen einige Male eine vom neueren Sprachgebrauch abweichende Behandlung.

les autres soudards qui s'estoyent laissez battre. 132 r. des gens qui par lascheté de cœur s'estoyent laissez prendre aux ennemis. 113 v. i'eusse bien desiré que les fables de celle antiquité se fussent laissees si dextrement nettoyer. 1 v. (Dagegen: Aussi disoit on qu'il y en auoit qui s'estoyent laissé gagner et corrompre par argent. 569 v). — Et quant aux Abantes, ils ont veritablement esté les premiers qui se sont ainsi faits tondre. 2 r.

3. **Das Particip des Perfekts ohne Hülfsverb.**

a) Das ohne Hülfsverb gebrauchte Particip des Perfekts congruiert immer mit dem zugehörigen Substantiv.

b) excepté ist in der Stellung vor seinem Substantiv sowohl veränderlich als auch, wie in der modernen Sprache, unveränderlich.

Ciceron... alloit taschant de moyenner acord, mettant en auant que Cæsar laissast les Gaules, et tout le reste de son

---
[1]) Neudruck (Chassang) II, 281.
[2]) ib. II, 282.
[3]) ib. II, 283.

armee, exceptees deux legions seulement. 425 v. tous les autres bateaux y perirent, exceptee la nacelle où estoyent ces deux petis enfans. 12 r. Et peut-on oposer... à l'isle d'Eubœe, les villes de la Campagne, qu'il retira, exceptee celle de Capouë. 120 r. — les autres... s'enfuirent,... excepté Domitius et Caton. 509 r. Si fit fermer toutes les autres portes, excepté celle du port qui respondoit à la marine. 516 r. on lui vint aporter nouuelles... que Ptolomæus lui auoit osté tout le royaume de Cypre, excepté seulement la ville de Salamine. 589 r.

4) **Absolut gebraucht** erscheint das Participe passé äusserst häufig. Hier mögen nur einige wenige Beispiele für den absoluten Gebrauch angeführt werden.

cela fait, on coupe les peaux des cheures. 19 v. Cela fait, il s'en alla. 2 r. Quoi fait Tullus leur conseilla qu'ils... 145 r. Les Romains, ces nouuelles ouïes, se trouuerent bien ennuyez. 22 v. Ces prieres et remonstrances... entendues, les deux armees firent... 18 v. Toutes lesquelles choses considerees, il fut fait un arrest et decret au Senat. 565 v. Ceste response ouïe, Ciceron eut encore plus grande crainte que deuant. 565 r. Ces paroles dites il fut le premier, qui... 473 v. passee la fleur de l'aage et la vigueur du corps, l'homme n'est plus idoine à la iouste 339 v.

Bisweilen auch in Verbindung mit après oder depuis.

Apres la bataille gagnee, Themistocles... 208 r. Et comme apres la paix faite, le Roy de Perse lui eust... enuoyé une lettre missiue... il ne la voulut point accepter. 399 r. apres la bataille gagnee il se trouua si espris de ioye, que... 534 v. — depuis laquelle prise, il fut fait une ordonnance... 192 r. (laquelle = la ville de Rome).

5) Von **substantivierten Participien** sind zu erwähnen su, vu und contenu.

de peur qu'elle n'acouchast sans le sceu d'Amulius. 12 v. Faustulus... enleua les deux petis enfans... du sceu et auec intelligence de Numitor. 13 r. il deslogea de bonne heure, toutesfois encore fust-ce du sceu et consentement de Crassus. 364 r. ce qu'il faisoit... du sceu et par le commandement de Parysatis. 628 v. il... fit prieres aux dieux... qu'à la veuë et au sceu de tout le monde ils le regretassent. 85 r. il mourut... au veu et sceu de tout le monde. 270 v. y firent aiouster, que tout le Senat seroit tenu de iurer qu'il ratifieroit le contenu en l'edit. 506 v.

I. Eigentümlichkeiten der Construction.

1) **faire** als **verbum vicarium** hat bei Amyot dieselben Ergänzungen bei sich wie das Verb, welches es vertritt. Diese im Altfranzösischen gewöhnliche Erscheinung ist in der modernen Sprache selten.

il transgressa la loy qu'il auoit lui-mesme faite, touchant le reglement des funerailles: aussi fit-il celle qu'il auoit semblablement faite lui-mesme, touchant la reformation des banquets. 309 v. il sembloit que Leonidas lui en voulust plus qu'il ne faisoit à Agis. 525 r. il n'y en auoit pas un de qui il se doutast, ne de qui il se desfiast tant comme il faisoit de Metellus. 274 r.

2) Hin und wieder findet sich ein **Wechseln mit der Construction**; so sind bei coordinierten Nebensätzen ein Infinitiv und ein Satz mit que mit einander verbunden:

ie confesse vous auoir fait tort, et que les fautes que i'ai faites... meritent la mort. 495 v. Cestui Cecilius vouloit debouter les Siciliens de ceste acusation de Verres, et que la charge de l'acuser lui fust baillee à lui seul. 563 r. il escriuit une autre fois à Galba, le priant qu'il voulust accepter l'Empire, et se vouloir donner pour chef à un corps fort et puissant. 682 v. car qu'il soit vrai, que les habitans de la ville d'Alba ne voulussent point que tels bannis et fugitifs se meslassent parmi eux, ni les receuoir en leur ville pour estre leurs concitoyens, il apert... 14 r.

3. Auch sonst zeigt sich, allerdings recht vereinzelt, ein Übergang von einer Construction zu einer anderen. So wird

die ursprüngliche Construction mit que aufgegeben und durch die des acc. c. inf. ersetzt in folgendem Satze:

mais le Mardien le reconforta, et lui asseura que le fleuue qu'ils demandoyent, estre bien pres de là. 611 v.

Zu den in Toblers Verm. Beitr. (p. 204 Note) gegebenen Beispielen von Anakoluthie lässt sich ferner ein ganz ähnliches aus Amyot stellen:

Quand il estoit de loisir, le matin, apres estre leué, la premiere chose qu'il faisoit, il sacrifioit aux dieux, et puis se mettoit incontinent à table pour disner. 442 r. —

Endlich liegt auch in dem Satze cela irrita fort Alexandre: et encore le fut il plus quand celui qu'il enuoya pour prendre Limnus au corps, le tua. 451 v. eine stilistische Unebenheit vor, indem »le fut il« gesetzt ist in Beziehung auf ein vermeintlich vorhergehendes »irrité«. (cf.

............Or le lecteur saura
Que ce logis avoit sur le derrière
De quoi pouvoir introduire l'ami:
Il le fut donc par une chambrière.
Lafontaine, La gageure des trois commères.)

K. Schluss.

Im Anschluss an die vorausgehende Specialuntersuchung mögen hier einige Worte über den Sprachgebrauch Amyots im Allgemeinen ihren Platz finden.

· Was bei der Betrachtung der Übersetzungen Amyots vor allem auffällt, ist die Reinheit der Prosa, indem er es, wo es ihm nur irgend möglich war, vermieden hat, von Worten gelehrter Bildung Gebrauch zu machen. Amyot zeigt sich weder als »grécaniseur« noch als »escumeur de Latin«, sondern er sucht überall das Wort des Originals durch ein echt französisches wiederzugeben, wobei er mit vollen Händen aus dem Schatze schöpft, den das Altfranzösische der folgenden Sprachperiode als nationales Erbe hinterlassen hatte. So konnte die Akademie im Jahre 1637 dem grossen Übersetzer mit Recht einen Platz in der Reihe der Musterschriftsteller anweisen, auf deren Sprachgebrauch sie bei der Abfassung ihres Wörterbuches zurückging. Hinsichtlich des Vocabulars ist unbedingt dem Urteile Eggers beizustimmen, das er (L'Hellénisme en France. Paris 1869. I. 262) in die Worte fasst:

»de tous ces mérites d'Amyot, il y en a un surtout qui me frappe et que je dois mettre ici en relief: c'est le caractère parfaitement français de sa prose et la rareté des emprunts qu'elle se permet à la langue de l'original.«

Nicht so sehr wie im Vocabular hat sich Amyot in der Syntax von fremden Elementen frei gehalten. Hier ist der Einfluss, den die Sprache des Originals sowie die lateinische Syntax auf ihn ausgeübt haben, nicht zu verkennen. Er zeigt sich namentlich in dem häufigen Auftreten des acc. c. inf., des substantivierten Infinitivs, absoluter Participien und der relativen Anknüpfung. Es hat sich jedoch neben solchen Constructionen, die zwar nicht ihre Schöpfung, wohl aber ihre bedeutende Ausbreitung den gelehrten Studien des 16. Jahrhunderts verdanken, soviel des Alten erhalten, dass auch die Syntax Amyots im Grossen und Ganzen als national französisch bezeichnet werden muss.

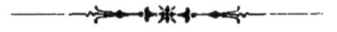

Vita.

Ego, Hermannus Keuntje, filius Augusti Henrici Christiani Keuntje officialis, natus sum Bremae a. d. IV. Id. Mart. MDCCCLXIX. Fidem profiteor evangelicam. Patriae urbis gymnasium reale frequentavi, cuius testimonium maturitatis adeptus sum vere a. MDCCCLXXXVII. Ut recentioribus linguis operam darem almam literarum universitatem Gottingensem adii. Mense Octobri a. MDCCCLXXXVII Lipsiam me contuli, cuius urbis universitatem per III. semestria frequentavi. Deinde philosophicae in universitate Marpurgensi facultatis matriculis inscriptus per V. semestria scholas audivi.

Lectionibus interfui virorum clarissimorum:
PProf. DDr. Heyne, G. E. Müller, Vollmöller, A. Wagner; Ebert, H. Körting, Settegast, Wülcker, Zarncke; Bergmann, Fischer, Natorp, Schröder, Stengel, Vietor.

Quibus omnibus viris doctissimis ac praeclarissimis, imprimis autem Adolpho Birch-Hirschfeld, gratias ago quam maximas.